Dieudonné Asifiwe Chikala

Les Démarches rituelles

Dieudonné Asifiwe Chikala

Les Démarches rituelles

Les secondes missives poétiques

Éditions Muse

Imprint

Cover image: www.ingimage.com

Publisher:
Éditions Muse
is a trademark of
Dodo Books Indian Ocean Ltd., member of the OmniScriptum S.R.L Publishing group
str. A.Russo 15, of. 61, Chisinau-2068, Republic of Moldova Europe
Printed at: see last page
ISBN: 978-620-3-86694-0

PROLOGUE

L'arme qui se lie à une plume qui écrit
S'interpose sur des vies pleines de délit,
Son charme fastidieux courtise le moment
Et s'installe à son plus haut firmament.

L'aurore vient et on oublie bien l'aube,
Le temps dans ses ruées s'égare du lobe
Qu'il inflige aux habitants paresseux de la Terre
Se laissant abattre par le tourment du tonnerre.

Le vent va dans des airs et revient vers nous
Si fort que son encrage nous met à genoux,
Pleurards comme des enfants qui viennent de naître.
Et ses magouilles en nous viennent réapparaître.

Les arbres naissent aussi, et meurent. Pourtant
Leur tendreté les laisse abattus par le vent.
Ils prient lorsque la pluie, prise de grimace
S'incorpore dans la froideur de la glace ;

Ils pleurent souvent, toujours si immobiles
Pendant des reboisements rebelles et inutiles
Et balancent leurs ailes si raides et pensives
Pour prier l'homme de ne pas tuer leurs convives.

Les oiseaux, les loups, les lions et tous les animaux,
Les amours, les passions et tous les maux
Qui animent la rage humaine dans ses génies
Clouée dans le bien vigoureux et quand on prie,

Les routes insoucieuses, les lourds mécontentements,
Les anges, les diables, les démons, les manquements
L'opulence, la neige trouée par des vieux traîneaux,
Se croisent comme les eaux dans des caniveaux.

Bukavu, 02 novembre 2021

AU LECTEUR

LE MESSAGE

(Au lecteur)

Dites à ma famille que j'ai un cœur de révolte,
Dites à mon Ange-fille que l'amour d'un père
Est un gros bateau dans un courant de virevolte,
Solide et traversant sa voie fière.

Dites à ceux qui n'aiment pas le noir
Que le jour est un versant contraire de la nuit,
Les anges brillent s'ils viennent le soir
Ou au milieu même de notre insane minuit.

Dites à ma nation que les airs sont dérangés,
Le peuple court et ignore le chemin à suivre,
Dites aux dirigeants s'ayant donné des congés
Que même dans la guerre, l'amour doit survivre.

Dites au Pape, aux nations et aux belles races,
Aux parents, aux armées et aux écoles,
Dites aux morts, aux vivants dans leurs grimaces
Que nos haines envers les autres sont nos geôles.

Bukavu, 25 octobre 2021

LA LECTURE

Je vous écris chers enfants des années deux mille
Que plus jamais, ne tomberont sur la ville
Les pluies gratuites qui vont et viennent sans raison
Orner les champs d'opulence pendant la saison.

Je vous écris par sagesse, amour et prouesse
Assis de bonne humeur sur ma chaise douce
Que plus petit est votre monde, plus grandes
Déceptions si vous croyez en vos voies infécondes.

Le trésor est caché dans les fonds des mots.
Les paroles sont les paniers de vos lots.
Lorsque vous verrez les gens se battre sans cesse
Arrêtez-les par la vaillance de votre sagesse ;

Lorsque l'argent sera votre première motivation
Vous ne serez plus les mêmes, votre connexion

Avec la réalité s'en ira. Et votre humanité
S'envolera dans la creuse de l'éternité.

Bukavu, octobre 2021

LA ROUTE D'UN POÈTE-NÉ

Les sages sont nés à part, leurs existences
Accompagnent la terre dans son mûrissement.
Ils vivent au milieu de pires innocences
Et leur rôle est de tout résoudre gentiment.

Leurs cœurs sont vieux depuis leurs naissances,
Avec un esprit de mage et une foi qui ne ment
La rage de vaincre les maux depuis leurs enfances
Habite leur monde depuis la hauteur du firmament.

Les âmes cupides envoient dans le gouffre de l'abîme
La raison des saints. Pêcher est un fort rituel
Qui habite autour de leur enfer perpétuel.

La sainte oraison dans la sagesse rime
Avec la vie souveraine et le rythme mutuel
Qui convient dans un monde moins cruel.

Bukavu, 29 octobre 2021

LE TRAVAIL

ALBATROS

Détruit par le sentiment qu'il suggère
Père de jouissance qui ne mourra guère
Mon cœur contemple sa foi et se situe
Dans la dette mondaine qui ne se restitue.
Pourvu que le bonheur avouable et hautain
Saisisse le poignet d'une laide main
L'on est coupable de rien, crime ou vice,
Peur ou terreur, fuite ou service.

Le travail paye mais ne sauve pas.
Le monde n'est qu'un petit film d'ici-bas.

D'énormes massacres où on se déguise
Où le joufflu empereur a de main mise
Sur la dose, assis sur un gratte-ciel gigantesque
Où l'on vomit du sang des victimes et presque
L'on voit des fronts mordus par des vies assujetties,
Dans des gouttes de chaleur ils voient les leurs rosies,
Critiqués dans nos maisons par nos propres pendules
Un jour on mourra, en Sartre ou en Hercules.

Si l'on se payait, avec notre volonté de vaine taille
Volontiers et épinés, par ce qu'on travaille
Les champs opulents pour qui jacasse Dédale :
L'ingénieur fermenté sur l'arbre opale,
Seraient démoniaques car il ne s'agit
D'un sacre morne et révolu qui ne s'assagit.

Le travail paye mais ne soigne pas.
La Terre tourne vite mais à petit pas.

Bukavu, 25 février 2018

LE TRAVAIL S'EST VENDU MON SORT

Le travail s'est vendu mon sort
Marché par sa roue, croqué par sa dent,
Mon courage est un seigneur qui dort,
Vaincu par les échecs, il me défend.

Je me dis toujours que mon cœur a tort
Charmé dans les faits, trempé dans le vent

Quand il me munie de son champ mort
Depuis, je hurle sans cesse à mon statut lent.

Le monde, la fleur sereine et abolie
M'a tendu sa main et ses cornes,
Mais j'ai grandi par ses rudes poltronnes.

Et souvent coincé dans la hutte affaiblie,
La chance suffit, mais la grâce l'attendrit
Je dirai qu'agité, elle ne me mentit.

Bukavu, 11 juillet 2018

LES SECONDES MISSIVES POETIQUES

DOGME

Savourez, savourez, savourez... Et dites
A vos souvenirs immortels les plus vieux
Que la vie dans son confort ingénieux
Nous envoie parfois vers des voies interdites.

Venez saluer le roi et ses acolytes
Qui nous voient naître et mourir silencieux
Sans choix et avec des dommages injurieux,
Ce roi, c'est la vie qui définit nos limites.

Nos racines assises sur des murs flous
Envoient nos chances vers des lieux désuets,
Nos réussites et échecs sont tous muets.

Nos réconforts savants de nature et fous,
Le temps sourit et cède notre clément avenir.
Il ne suffit pas de courir mais de mûrir.

Bukavu, 02 novembre 2021

LETTRE A MUSSET

Dans le vide où j'espère que tu t'amuses
Sourient dans tes sombres patois, les muses
Toujours si amoureuse du poète nocturne
Enroulant leurs robes de déesse de Lune
Vieillissant dans l'azur de l'âgé roman
Longtemps écrit durant un décembre où Satan
Dans sa lueur qui s'éteint dans son propre noir
Ouvre les yeux et contemple qu'un curieux soir
Tu t'assis vêtu comme celui qui pêche
Aux côté d'un ami invisible qu'un air revêche
Oblige à secourir dans un noir du libertin
Qui écrit dans un poème son pénible destin.

Souvent je maigris voulant comprendre sans périr
De quel amour si orgueilleux pouvais-tu souffrir,
Et comment les pleurs t'ont-elles dans ta nuit fine
Fait songer pour une courte jeunesse à Lamartine.

Mais moi j'aime d'un amour sournois et éblouis
Ce Ciel qui confie ton cœur à l'être que tu ne fuis,
Assis pourtant comme un morne inexistant

Te montrant par sa main un ciel pleurant
Comme l'autre soir seul au Théâtre-français
Où dans le spectacle de Molière tu avançais
Oreilles tournées vers des odieuses symphonies
De ce siècle positif rempli des génies.

Je te sens bouger ma plume ingénue
Quand j'écris sur la Terre que je vois de fois nue,
Et je colore en moi quand je pense, ton sosie,
Celui de ta muse et sur la plaine Lucie
Auprès de qui tu t'assis un soir dépouillé,
En dessous de ton saule je me tiens agenouillé
Je me sens être dans ton génie et dans ta tête
Te voyant dans un rêve, te lisant dans une fête.

Bukavu, 16 juin 2020

A L'ENFANT QUI NAIT...

Bienvenue ô enfant sage et sublime
Prend donc un rôle dans notre mime
Comblée sueur, de blâmes et de joie.
Dans le rituel où tu devras avoir ta voie
Comme caque poil a son propre pore.
Bienvenue, toi que le Ciel colore encore.

Les âges ne craignent plus les gens sages,
Car la stupidité a atteint les mages.
Il te faudra vivre ici comme un révolté
Ou des rites anciens tu seras récolté.
Les vents passent, et l'humain les accompagne.
Car le temps n'est pas sa compagne.

Que tes jours soient roses, car ils seront comptés
Par Dieu, par le Diable, dans les rêves escomptés,
Par les hommes qui t'envoient des regards odieux.
Que tes yeux soient tournés vers les saints Cieux.
Que ta bouche soit close quand on parle
Que ta connaissance se raréfie comme une perle.

Bukavu, mai 2016

UN ENFANT A SA MERE…

« Faire connaître ta valeur,
Surprendre d'une simple ardeur
Que sans toi mes écrits sont zéros.
Mon cœur pour toi est un héros
Qui esquivera tout tyran
Et dira qu'avant tu es maman
Depuis ces peines de neuf mois ;

Tu m'as porté comme un siamois,
Tu as parcouru de violente puissance
Protégeant ma peau sans défense.
Tu as harmonisé mes promenades
Tu as supprimé mes gouts fades
Envahissant mes moments douloureux.

Tu as chatouillé les âges hideux
Afin que je dorme sur mon jeune lit,
Tu as corrigé mon premier langage écrit,
Pourtant tu n'avais pas beaucoup étudié.
Jusqu'à comprendre ton tour expédié.

Toutes les mères sont bonnes,
Leurs protections sont des bornes
Que seule la bonté franchit.
Et les méchants savent ce qu'elle interdit.

Maintenant que je suppose
Que ta vie n'a pas été rose
Pour que tu ne me laisse esseulé.

Tu fus liante quand j'étais aveuglé,
Tu fus présente dans mes rêves obscurs,

Et tu y seras dans mes joviaux futurs. »

Bukavu, 2014.

LA RAGE DE POETE

Le rouge que nous voyons inonder nos yeux fermés
Lorsque le somme envahit nos corps fracassés,
Est le sang enroulé dans nos musclés enfermés.
Son rôle est le même dans les organes entassés .

Lorsque nos vies sont encore appelées nouvelles-nées,
L'envie nous habite, nous pleurons sans rien avoir
Comme lorsque nous sortons frustrés (sans espoir)
Par les longueurs infinies et pénibles des journées.

Et je me demande encore, ce qu'est vraiment l'homme,
Il regarde son autre troué par la misère de la vie,
Mordu par la quête immortelle de survie,
Mais il ferme ses yeux et nourrit son jaloux dogme.

Les races se battent pour asseoir une suprématie
Concave d'existence, stérile depuis sa conception,
Et l'on voit mourir tous ceux qui font exception,
Et l'on se voit chérir une cape des lois enlaidie.

Dans les églises, dans les bars, dans les Assemblées,
Dans les mosquées, dans les lieux irrésistibles
Où la vie est un instant des évents invisibles
Qui vont et viennent sans importances comblées ;

Dans les familles où sont nés des anges de remords,
Dans les palais où vivent les jugements iniques
Que le monde rend à ceux qui ont des vues uniques,
Dans le fin fond des cœurs qui nous entourent des morts ;

Les amours sont mortes et enterrées dans des fosses.
Le monde nous harcelle puis nous transmet son sourire,
Sa justice, ses bontés, ses équités dans le pire,
Ses saintetés, ses voluptés : toutes sont fausses.

Bukavu, 27 octobre 2021

LA RAGE DE MA PLUME

Le nuage tombant sous la pression houleuse
De la pluie pleurnicharde et pleureuse,
Je vous écris depuis le clavier chroniqueur,
Noirâtre et non éclairé de mon ordinateur,
Que l'heure est grave, que je suis pris
A empêcher mon esprit d'être surpris
Par la terreur d'un monde bâti sur le mal
Et par le temps soufflant sur le vent immoral ;
Que contraint de vivre avec des maux terrifiants
J'essaie d'en limiter pour nos futurs enfants.

Je vous écris, les yeux tournés vers des monts bleus-blancs
Qui marchent avec nous comme l'onde marche avec leurs flancs
Au-dessus de nos têtes et en dessous du Dieu sempiternel,
Picorant du rien sur notre sol éternel
Que j'ai peur comme le démon a peur de vives lumières
Fouillant sans cesse vers de sombres cimetières,
De vivre un rôle lâche dans une vie qui s'agenouille
S'efface du plan, bidouille sans fin puis se mouille
D'un sourire poltron pareil aux gens qui, sans se nourrir
Souffre en silence. Oui, j'ai peur de mourir...

Mourir en ange sans Ciel, ou en monstre des enfers
Qui disparaît parce que ses moyens pervers
L'obligent à toujours chanter pour un Maître fade
Sans repère, sans avenir et sans façade.
Je vous écris, tête pensant à nos futurs pas,
Parce que la chaleur nous inonde ici-bas
N'ayant nulle part où loger notre famille,
Détruisant la seule Terre où on se fourmille,
Succombant, puisqu'on ne sait plus qui on doit être
A des blessures causées par envie de paraître.

Aux bons cœurs, toujours occupés par les bienfaits
Qui paraissent détraqués par la vérité des faits,
Mais qui prient pour que le monde change ses contours
Sans omettre ni le mauvais côté des jours
Ni les oppressions ni la rigueur soulante et infinie
D'une monstruosité des hommes forts rajeunie ;
Je dis, pour que soient vivants vos efforts
Priez, luttez et chassez vos cupides inconforts,
Parlez, criez et n'abandonnez pas vos terres,
Car les ennemis pleuvent quand vous fuyez les tonnerres.

Aux rituels divins, vieux de milliers d'années
Falsifiées par nos heures petites nouvelles-nées,
Aux risques que nous courons chaque vilain soir
En prenant nos chaises incertaines pour s'asseoir,
Ou chaque matin, empruntant nos allers et retours
Pour chercher de la patte à mettre sur nos fours,
A nous-mêmes, en quête des bonnes semaines
Je dis, comme un roi regardant brûler dans les plaines
Sa troupe prise dans un piège noirci par des sales eaux

Que la vie est un présent qui nous prive des cadeaux.

Bukavu, 6 décembre 2021

LES VACANCES CONTINUES

Je construis des voies pour bâtir mon éternité,
Je cherche ce qui m'ennuie pour gommer l'anxiété
Qui s'installe sur la roche ardue de mon destin.
L'arbre vigoureux qui voit venir mon rêve fin
Etrangle les ténèbres dans son noir mal réputé.
Mon âme contemple la haine dans la pénombre
De ceux qui veulent vivre sur la terre de l'ombre.

La peine dans les nuages blanchis s'habille,
Des linges sordides que l'hypocrisie maquille.
La vigne jalouse des méchants circule en veste
S'enivre et jacasse au milieu de la peste.
Le mal est la mère, les difficultés sont la fille
Qui envoient vers la terre la tristesse de leur tonnerre
Dont les gens se servent pour trouer leur Terre.

Mes destinées dont les portes ont leurs propres rosées
S'agitent, je les vois assises sur des balances déposées
Dans la prophétie lorsque ma tête est ailleurs.
Nos destinées sont nos véritables âmes sœurs
Nous attendant au terme de nos fins supposées.
Nous sommes tous connus à pointure de nos menaces
Elle nous étudie depuis la plus petite de nos grimaces.

II

Esseulé devant ma chambre calme et désabusée,
Le vent agitant la joliesse de ma chevelure frisée,
Je vois dans mon esprit charmé et somptueux
Que comme un chrétien inconnu des saints Cieux
Les méchants se distinguent par la jalousie usée
Qui le ronge et alourdit sa bonté par le biais
De son caractère abject ayant pris un faux relais.

La gloire est loin des gens hautains et cupides,
Leurs cœurs troués par des instants sordides
Parcourent d'amour en rien. L'amour les trahit
Quand le bienfait les traverse et les ébahit.
Les mots des insensés sont inscrits sur des pages vides.

Les errements des jaloux sont de graves bousculades
Qui ornent les rues quand les forts affrontent les tornades.

Bukavu, juillet et août 2016

MON CŒUR EST LA VICTIME

Couché sur mon lit comme une eau perdue
Dans le jardin blessant et de pleur grave,
J'espère découvrir ce qu'une épave
Mérite le moins dans sa turbulence éperdue.
Dans notre monde douloureux, je suis dernier
De la classe abimée. Je compte être premier
A déranger la méforme de notre vie tordue.

Je m'attarde à lever dans les espaces
Dont est rangée la méchanceté de la grande vipère
L'amour innocent de son vrai caractère,
Mes yeux fourmillant comme de mauvaises races.
Le ciel gris abusé par les maux et la fausse bonté
Déguerpit en notre fenêtre de volonté.
Nous vivons encore plus par quelques grâces.

Nous sommes tous soldats, passant dans la caverne,
Ses portes obturent la blancheur du paradis
L'audace gradueuse et folle des vers hardis
Se jette dans mon savoir. L'impavide lanterne
A un rôle intègre, fixé sur mon épopée,
Je m'en sers pour pâlir ma senteur dissipée
Que ce monde inexpressif a rendu terne.

Je me suis assis pour affronter de liesse
Le voyage perverti par sa propre loge.
Les hommes cachent tout moindre éloge
Car la piqûre du mal est leur aimable nièce.
Je cris tout haut, le mal a sa parenté,
Couronnée assurément par un port hébété
Que le monde a caché à son allégresse !

Bukavu, mai 2016

LE PLEUR IMPERSONNEL

Pleure ô âme ! Pleure parce que désormais
Lorsqu'ils voudront quérir au fond de la veine
Les larmes qui te font songer à une reine
Qui te moleste : ils ne les verront plus jamais
Bondir en la sensation que tu formais.

Souvent je m'impose sans en comprendre d'édit
Qui m'empoche dans son profond caniveau
Dont je me sers pour croire certain on-dit
Au détour saugrenu de mon cerveau.
Quelque fois, conseiller de mon fugace bonheur
Qui n'a jamais concédé un stupide cœur
Les maux, voisins impénitents des lieux
Devenant par leur venin de néfastes prises
S'est alloué les clés oublieuses des cieux
Jusqu'au moment des raisons incomprises ;
Nous consommons les maux en fortes quantités
Jusqu'à rendre nos bontés de vives calamités.
Je parviens à tout révéler, – désabusé,
Sur les coulisses brumeuses de ma vie,
Je vois les évènements et leur moment usé
Par la force gommant une à une envie.
Et l'on m'aura testé encore désastreux
Dès qu'ils liront ce qu'écrivit sur eux
Ma main toujours asséchée d'inspiration
Et condamnée à conter ses propres ruines.
J'offre mes vers magiques à la conciliation,
Qui nourrit à jamais mes bourses chauvines ;
Le jour épatant appartient aux fanfares
Accompagnées de clémence aux maintes phares !
Certains aiment me voir tâtonner comme un gibier,
D'autres, préparant la forme inouïe de ma tombe
Préfèrent me sourire et me détruire par palier.
Mais je crains que leur envers retombe
Sous l'eau chaude d'un abstrus marécage
Obscurci d'un herbage aux côtes de son rivage.

Les larmes qui coulaient partout sur mon passage
Sont disparus. L'insuccès de ce que propose
L'ami contrecarrant ou son assoiffé de lignage
Meurt sans pouvoir dans son overdose

Oubliant sa route, sa vase et son espoir
Dans les cabanes détournées de tout savoir.
J'ai longtemps vécu sous des lois bouleversantes,
Imposées des jours par des Goliaths contemporains
Incapables de construire de villes naissantes
Sans bruler les rares habitants des lieux riverains.
Celles que montrent les Humains sont de fausses amours,
Sans vérité, sans bonté, sans foi, sans humours...

Pleure encore ô âme ! Parce que désormais
Lorsqu'ils voudront quérir au fond de la veine
Les larmes qui te font songer à une reine
Qui te moleste : ils ne les verront plus jamais
Bondir en la sensation que tu formais.

Bukavu, 22 mai 2016

DIMANCHE D'AVRIL

Tout ce que je vois sourire
Que je songe ou que j'entende
C'est de là que vient ma légende.
Souvent de nous l'histoire se retire
Mais reste collé sur notre monde.

I

Le merveilleux disque passant comme une étoile
Qui parcoure le deuil, le ciel, le voile
Faisant sa tournée dans sa vie spacieuse,
Et j'étais dans mon âme silencieuse
Murmurant dans le réel, toujours debout
Quand il passa dans un courant des nuages dissout.
Croisant un autre disque-frère dans les nuages
J'ai vu le début apaisé de leurs camouflages.
Au-dessus de moi se tint un morceau de tige
Le noir soufflait dans un ciel qui m'afflige,
Une bête qui avait dans son museau une dent
Jacassait et ses poils secoués par le vent
Lui faisait ressembler à un de dragon de Préhistoire,
Il crachait du feu et de la lumière dans son mâchoire
Et les gens fuyaient dans les recoins de la brousse.
Je vis que la Terre dans son air de secousse
Tremblait et regardait un grand nombre
Des terriens expulsés par le Soleil sombre
Dans une mort sans sépulcre et sans tombe.

La mer s'agitait et son onde comme une bombe
Sautait et brulait les humains dans le pleur
Sans remuer leurs pieds appréhendés de peur ;
Les fleurs fanaient, le ciel semblait à l'éclipse
Le temps paraissait à la vieille apocalypse,
Les routes dans lesquelles les foules épandues
Roulaient à pas de températures étendues
Etaient mi- coupées mi- fissurées
Le rouge dominant les toutes les parties enfumées
De l'atmosphère déchainée et singulière.
J'ai vu donc de mes yeux, la Terre entière
Exploser, j'ai vu que ses vives brûlures
Etaient raboteuses et modifiaient ses allures.

II

Mais nous survécûmes, j'étais encore vivant.
J'écrivais l'horreur que je voyais devant,
La lune venait de renaître, le Soleil de honte
Jaunissait encore à peine dans sa fonte,
Les étoiles tracassées, dans leurs avenirs lointains,
Se regardaient, souriaient et se tenaient les mains.
Les enfants, comme de leur vilaine nature
Pleurait encore mais je voyais guérir leur morsure.
Un ange se tint debout devant mon cahier malade
Et dit aux humains d'écrire cette forte escalade
Dans les livres de ceux survivent et dans les têtes
De ceux qui ne mourront pas avant les conquêtes.

L'Homme est un esprit qui se matérialise
Son idée est une illusion qui se concrétise.
Lorsqu'il tient la main de son voisin, il est fort.
S'éloignant de ses confrères, il est faible. Il a tort.
Ses parcours ici sur Terre sont sublimes
Lorsqu'il ne joue pas le rôle de l'un des victimes.
La Terre survivra ou la Terre mourra de crainte,
L'Homme détruira sans relâche sa vie sainte
Ou il s'unira à ses frères pour réparer les erreurs
Commises par les anciens et leurs prieurs.

Bukavu, 25 avril 2016

AMOURS INFINIES

MA MUSE ETERNELLE

(A Prayer Binja)

Elle siège en moi comme siègent les sages menteurs
Qui racontent au peuple dépourvu de scrupule
Ce que seul Dieu peut. Connaissant nos humbles pleurs
Ceux de ces monts insensés que manipule
Le Diable gobant ce que l'écrit divin stipule.

Souvent ne comprenant pas mes maigreurs personnelles
J'incline inconscient, mes sentiments et mon humeur,
Mais elle comprend mes vanités éternelles,
Ma vie qui bascule, mon âme infinie, ma peur
Qui m'esseule et qui me renvoie chez mon âme sœur.

Par sa voix pieuse qui consolerait un affamé
Elle me parle de nos projets futurs et de fois,
Je reçois d'elle, pareil à un condamné
L'espoir d'offrir de constance en ce que je crois
En ma sagesse ne s'éteignant pas et en mes lois.

La vie sourira quand ses joues s'ouvriront pour rire
En dépit des nuages dont sortent de pluies cruelles,
Mais pourvu qu'elle vive à jamais, à son joyeux dire
Qui plait aux gens droits et dont les amours mutuelles
Naissent, j'offrirai la vie de mes joies intellectuelles.

Comme quand coulent les eaux plaisantins du fleuve
Tout passera ici-bas, mais ses mythes fameux,
Son amour chaque fois qui rajeunit, son effluve
Pour qui on gazouille tous les soirs fabuleux
Chaque fois que les cieux, la terre marchent à deux ;

Les vers qui passent par ma tête et dont ma main droite
Tremble pour écrire les racines d'amour d'un père
Qui craint de faire revivre sa survie maladroite,
Les rêves d'un dieu terrestre et sa capuche légère,
Les mots qu'il dira pour bâtir son propre repère ;

La voix subtile d'un mourant qui criera : j'aimais !
Les âmes agenouillées devant le haut trône,
Les anges, les souvenirs, les âges,... ne mourront jamais.
Leurs bontés feront souffrir celui qui prône

Pour qu'en aucun prix l'heure humaine ne corne.

Elle ne mourra pas. Elle vivra. Elle verra
Ce que voient les anges puissants assis sur des avions,
Elle pleura avec des yeux envieux et elle fera
Réécrire de son luth le couple que nous étions
Quand je mourrai. Et je serai dans ses compassions.

Bukavu, juin 2020

HIPPOGRIFFE

En mon âme je vois, en mes yeux je garde
Toujours vivifié comme s'il faut que j'éponge
Tous mes sentiments que ma tête retarde
L'envoutement qui apparaissait dans mon songe.

Je te vois, ô belle créature secouant les œuvres humaines
Marcher dans ton sens, mes joues tremblant de folie,
Mes pieds allant coucher mon corps sous de gros chênes
Et devant moi l'ombre d'un de l'envoutante jolie.

Je suis resté à t'attendre, je t'ai vu venir, enfin.
Cœur double, je vaux souvent mieux qu'en magouille
Car ta voûte est ma voûte, ton pleur est ma fin,
Car le ciel manipule ton cœur qui me fouille.

J'ai aimé cette soirée où tu as posé tes lèvres formoses
Sur les miennes prises de fièvre. La lune souriait encore
Que ses yeux beaux et lointains entendirent les proses
Que je te récitais sans litote et sans métaphore.

Tu te tenais éclairée par des rayons bleus-et-blancs
Et je te regardais, la peinture de ta peau était belle
Le nuage fuyait et disparaissait dans des nobles flancs
Lents et vifs. J'entendis une voix qui m'appelle,

De mon œil droit et pétulant, je t'aperçus me dire
Que le vent est beau, que tu aimes la noirceur du paysage
Que nous voyions à travers l'horizon de son air pire,
Que Ruzizi jetait des herbes candides sur son rivage.

Que l'amour ne mourra pas, que le temps fou et infini
Nous mentionne dans son agenda fabuleux, que les anges

Ont leurs semblables dans ce monde impuni,
Qu'est paisible l'endroit en moi où tu te ranges.

Ton charme amoureux pénètre ce cœur radieux qui t'envie.
L'Univers contemple pleurer de joie et non d'angoisse
Mes yeux ouverts qui se referment sur ma propre vie,
Et qui saluent secrètement le monde jaloux qui se froisse.

Bukavu, mars 2016

CRIS SUR LES MILLES COLLINES

Voici le temps envolé où les amours incertaines,
Quoi qu'il pleuve sur le pied de ces chaines
Se lovent dans les hippies des esprits outrés
Et souvent, perdent leurs caractères concentrés.

Assis sur le pic mouillé de la verte montagne,
Pensant à la fuite de mon ex-compagne,
Je regarde Ruzizi descendre sans revenir
Coincée par son Soleil prêt à jaunir.

Elle se tint là-bas, elle n'y sera guère,
Dessous de l'arbre pensif qui pleure.
Et je récitais ce poème qui venait de loin,
Les yeux fixés sur la beauté dans son coin.

Elle riait toujours et je parlais de mes préjudices,
Les pas que comptaient nos vifs interstices
Empêchaient un soldat qui passait. Il ne vit
Ni sa tête dans les feuilles ni sa bouche qui sourit ;

Ni l'éclat de sa montre intensifié par le rayon
Qui couvrait l'Ouest et surchargeait l'horizon.
Ce sonnet de passion que je déclamais
Tenaillant ses peurs, s'est envolé à jamais.

Seul contre l'armée de maux et de digues,
Je dors toujours, esprit fixé sur mes orgues.

L'amour est un rongeur qui va et qui revient,
Mais son emprunte vit dans le cœur qu'il retient.

Elle repartit, laissant derrière lui le forçat

Qui se trahit pourvu qu'on ne la remplaçât.

Bukavu, juillet et août 2018

LA STELLA

J'ai vu souriant, via mon téléphone qui sonne
Un message disant que la princesse de ma couronne
Est un ange qui voit déjà le toit de l'hôpital,
Tant l'amour que je lui offre est un amour fatal.

Il sonne et sur les jolies consonnes que je donne
Et son nom dans ma prière de joie se mentionne.
Et ce soir nouveau, je dors sur un lit amical
Mon corps allègre sautant comme un coursier chacal.

Ce soir restant dans l'anal de ma sainte archive
Puisque Dieu est au-dessus de toute la magie
Gommera les maux comme vent ôte le feu de bougie.

Que cette étoile à jamais sur l'élite survive,
Que le rivage la voit s'asseoir paisible sur ses sables
Qu'ils la chante son nom dans les notes des fables...

Bukavu, 17 juillet 2020

LES SENTIMENTS QUI NAISSENT ET VIVENT ETERNELS

DECOUVERTE

Je me suis attristé, plongé dans la longueur des mots,
Mon cœur était lourd et la saveur de mes lots
Bougeait tout mon corps. Je pleurais sans cesse
Maquillant ma douleur intérieure qui progresse ;

Et puis j'ai croisé sur une route de hasard
Une âme nouvelle dont l'amour est un art ;
Elle souffre de sagesse, se sacrifiant pour les autres
Elle est l'image parfaite des bons êtres.

Bukavu, 21 décembre 2021

HALLUCINATION PATERNELLE

C'est toi que je rêvais. Toute ma valeur
Attendant des décennies pour naître
Repose sur les épaules de ton être.
Et la Lune s'illuminera en ta couleur.

J'ai depuis longtemps vécu non esseulé,
Mon sang rempli des sacrifices inattendus
Etait seul au monde, comme mes vers perdus
Et par toi je me vois tout épaulé.

C'est toi ô reine nouvelle que je connais !
Tu vivras cachée par les faits, et le moment
Ne fera notre amour ni secret ni lent
Et la lumière de tes yeux luira à jamais.

Ces amours nouvelles en qui je m'enroule
Ces dates qui se suivent, ces retrouvailles
Tant de jours tu m'effrayais dans ses entrailles
Sont infinis. Eternelle rivière qui coule.

C'est toi qui m'appelleras d'un nom nouveau
Que personne depuis que je suis n'ose
Reconnaître. C'est la couleur de ma belle rose
Qui adoucit ma journée quand il fait moins beau.

Bukavu, 17 mai 2020

LE TRESOR D'UN POETE ECRIVAIN

J'écris sur ma vie d'ici-bas, comme le prophète
Ecris sur le monde et sur l'avenir des humains.
Mes pensées les plus banales, les lendemains
Infinis, jacassent dans ma tête de poète.

Mes yeux observent sans rire, mes lèvres sans dire mot
Louent des amours enfantines, des moments beaux,
De bons repas et des compliments moins faux,
Des flatteries venant des habitants d'un rivage sot.

De loin, comme un arbre esseulé dans son pleur
Sur une montagne déserte et emplie des pierres
Je souris à la vie que je rêve : celle de mes prières,
Sans compter les épines, sans ouvrir leur liqueur.

Il plait sur la Terre comme il pleure sur les paupières :
Une eau de joie, de rire et des fêtes éternelles
Dont la race humaine jouit sans contempler ses semelles,
Oubliant que dehors les âmes s'offrent aux misères.

Une pluie de parfum sans contagion ou maladie
Capable de n'être vu par tout le monde. Il plait
Des airs contraires dont le mal ou le bien naît,
Le jour et le noir, l'opulence et l'incendie.

Ces amours-là partent pas à pas vers les disparues,
L'on veut aimer un Dieu qu'on ne fait que sentir,
Invisible, assis sur un trône qu'on ne peut démolir
Ignorant les malnutris errant dans les coins des rues.

Les aides politiques venues de ceux qui n'aiment jamais,
La rage d'un peuple abattu et complice qui rougit
Sans cesse de tribalisme brutal et qui finit
Par oublier se rôles, ses chapitres et ses sentiments vrais.

La lueur politique prenant l'air de défendre la nation,
Les prédications, les diners pour innocenter
Les attitudes pitoyables lorsque nous sommes en danger
Les compassions pour servir une âme en disparition ;

Ces cotisations pour monter des projets et d'aides,

Les prières dans des méprisables synagogues
Et qui sont devenus des salles des fêtes rogues ;
Toutes sont moins vraies que fausses, et palmipèdes.

Bukavu, 20 novembre 2021

CE TRESOR QUI VIT...

Ce trésor qui vit en ces horizons obscurs
Sait grimper haut sur mon allure arrosée
Par mes ambitions et sur mes plus beaux murs,
Sur notre bel ombre d'âge et de rosée.
La vie est une chaste mer de de grosses fleurs,
Des peines qui naissent avec de vives ampleurs.

Nous naissons avec quelque chose de bien,
Qui rajeunit et conduit comme l'amas des jours,
Parfois avec des rites obscurs ayant de faux lien,
Mais, la joyeuse jeunesse ne revenant pas toujours
Elle nous laisse mangés par ce qu'on implore
Et la beauté est un vif ange qui nous dévore.

Bukavu, 26 septembre 2017

MEA CULPA

Je regarde autour de moi, un vent doux et fort
Soufflant dans les airs, active tout mon confort,
Personne ne me voit ni les amis ni les ennemis
Ni moins encore la marge de mes faits soumis.

J'ai fondé une nouvelle race des plumes révolues
Qui me fait revivre le temps des heures voulues
Où on écrivait encore, où on pensait encore,
Parlant à la rosée éclairée de l'aurore ;

Où les anges descendaient pour nourrir la Terre,
On voyait le Ciel qui s'ouvre et qui se resserre
Parlant aux hommes comme on parle aux voisins
Les oiseaux chantant dans les horizons lointains ;

Les brouillards couvraient les arbres balançant
Aux feuilles joueuses et aux troncs dansants ;
La boue enjolivait tout Bukavu, les villes
Disparaissaient parmi les villages tranquilles ;

Aujourd'hui j'ai péché contre ma Divinité,
J'ai trahi ma loi, ma foi, ma fierté ;
J'ai combattu toutes ces années pour rester droit
Mais une seconde m'a rendu maladroit.

Toutes les âmes adultes ont chacun sa croix
Qui, parfois les laissent dépourvues de choix ;
Toutes, même celles qui sont privées de mauvaise foi
Modifiant le monde trahi par le chacun pour soi.

Toutes les jeunesses, amplifiées par la lumière
Qui brille et vit sous leur perfide fourmilière
Ont eu des vagues moments dont naissent les erreurs
Et qui font plonger dans des souvenirs des terreurs.

Comme la mer emporte le sable des rivages
Délaissées par les vents qui allument leurs rivages
Mes valeurs ont été bafouées par mon pauvre désir
Qui nait sans mourir, qui croît sans mûrir.

Ma honte a inspiré ma peur, et ma pensée
N'arrête de doigter ma vigilance insensée
Disparue ces quelques minutes où j'ai perdu crainte,
Tant en moi mon cœur me porte grande crainte.

Et je souris sans oublier quelle est ma race,
Les pieds étranges et ma face tous à leur place
Renforcés de loin par une ange qui me parle
Une femme qui surgit dans ma vie comme une perle.

Elle me rappelle la bonté et la vision divines
Qui pleuvent sur moi quand je descends de villes collines
Pénibles et sans issues. Mais je sais toujours
Que sa miséricorde nous suit tous les jours.

Bukavu, 22 décembre 2021

HUMAIN

Ce soir, tu as manqué de force. Tu l'as dit.
Et j'ai pleuré comme un ivre sans habit.
J'ai supplié le Ciel pourvu que rose soit l'avenir,
Que je crois dresser sur la voie qui doit nous parvenir.

Ce soir encore, j'ai vu que j'aime. Ce soir
Contemplant un cœur sur lequel je dois m'asseoir,
Du fond de moi, troué par la douleur
J'ai cru perdre ce qui m'offre le bonheur.

Et j'ai entendu, comme un Moïse sur la montagne
Mon Dieu crier que je ne perdrai pas ma compagne ;
Il m'a vu pleurer comme celui qui se perd
Il m'a dit : « Je ne te laisserai pas dans ce désert. »

Dans ma chambre, à genoux, coupable et inutile,
J'ai vu mes yeux se vouer à un pleur futile ;
Perdu dans une vallée qui détourne ma loi
Et qui me contrarie. Tant j'ai vraiment foi.

Bukavu, 21 décembre 2021

LES BONNES PERSONNES...

Les bonnes personnes vivent dans nos cœurs.
Qu'importe qu'elles soient déçues par la vie,
Notre amour efface l'âpreté de leurs erreurs
Amenant leur volonté au bord de la survie.

Les bonnes personnes raréfiées parce qu'elles tombent bas
Comme les mamans tomber pour éclairer leurs enfants
Pourvu que nous vivions encore et conduisant nos pas
Jusqu'à gommer la lourdeur de nos sombres firmaments.

Tout est mielleux : paroles, voix, justice, pensées
Appauvrissant nos maux et éclaircissant nos savoirs
Les rares bontés en eux sont toutes condensées,
Nous ouvrant des voies vers de bons couloirs.

Bukavu, 21 décembre 2021

LA ROUTINE

LE CHATEAU SEMPITERNEL

J'y naquis comme un pleurard et sans égide
Ignorant à qui offrir sa vie débile,
Il m'a soutenu dans ma rêverie cupide
Par ses murs moribonds et sa toiture fragile ;

Il y pleuvait toujours et sous ses étoiles intrépides
Non éteintes par le vent qui traverse l'air futile
De l'espoir qui ancre les esprits d'enfant avides
Et à jamais arment son éternelle missile.

Parfois, je dis que ma vision y est amère
« Mais c'est toujours un chez-toi, me dit ma mère,
C'est ici que repose les racines de ton bel avenir ».

Ces vieilles planches fatiguées, ces irréels écussons,
Ces tôles usées qui balancent et font de vilains sons,
Les noires dans ma chambre, naturelles, me manquent à mourir.

Bukavu, 14 juillet 2020

LES LABOURS ENTRÊLÉS

On nait vide puisqu'on sort comme un ange,
D'un afflux où on ne voit que noir. Et désormais,
Toujours si plaintif, cloué par ce monde étrange
Notre maison est la Terre, son foyer est épais.

Tant qu'on vit ici, troublé par des œufs jamais clos
Rêvant d'un monde d'après qui apparait et repart,
Comme de vieux démons, on est en manque de repos ;
Et nous sommes notre chute et notre propre départ.

La mort de notre physique béat, quoi qu'on croit
Pleurant comme un saint séduit par les pluies d'enfer
Est un calme unique vers des milieux où s'assoit
Dans l'infini des temps le Diable dans sa mer.

Pour sa survie l'homme moderne toujours si fort
S'enfuit pour des fulgurantes découvertes
Vers les dieux impossibles à qui il offre son sort.
Ils bâtissent son demain sur des îles désertes.

Et puis le Diable, tombant amoureux de tout

Ce qu'il octroie et de la beauté des choses
Détruit nos âmes sans faute et s'en fout,
Tant il assoit son enfer sur de piètres roses.

Mais Dieu, quoi que je rêve la hauteur de son pouvoir
O cet être vif, siégeant dans son Ciel sublime
Regarde le mal tenir l'homme dans son couloir
Et se nourrir de ses pleurs partis dans l'abîme ;

Il est le Dieu qui crée les âges et qui dit,
Il voit quand on s'offre au mal et boit sa coupe,
Tranquille dans ses lieux car sans lui rien n'est prédit
Mais quand l'homme crie, il lui envoie sa troupe.

Pendant que l'humain laboure son champ et sourit
Il se limite à se voir et aimer son beau jour
Maintenant que le dernier temps arrive à mûrir
Tout lui est éphémère : Son souffle, son amour.

Le toit qui flotte quand les vents se croisent à minuit
En dessous duquel le mépris d'histoires méconnues
Ronge son destin et s'empare de son bien qui fuit,
Il s'aperçoit, mis à nu et ses armes inconnues.

Bukavu, 13 juin 2020

EFFORTS CHATOUILLÉS

A quoi sert de mériter la confiance du vent
Qui voyage sans revenir, vers l'Europe ?
De confier à un cœur sourd et myope
L'avenir incertain d'une vie qui se ment ?

Le travail est ennuyé quand le patron est un frère,
On travail sans paie, on succombe sans mûrir,
Tous les efforts vont vers un instable avenir
D'une famille dont la concorde est moins chère.

L'on se livre à dépendre des passions d'hommes
Qui s'enrichissent par de pauvres dilemmes,
Et l'on est divisé par la mollesse de son histoire.

On se dit : est-ce en moi que ma propre famine
Développe les racines avides de sa mine ?

Mais on ne se libère jusqu'à ce qu'on cesse de croire.

Bukavu, 8 avril 2016

AMES UTOPIQUES

Je ne hais pas de gens. Je déteste
La couronne qu'ils offrent à leurs pensées
Dans le trou des mœurs condensées,
A leur caractère qui me conteste.

L'on me soupçonne, qu'importe
D'avoir embelli la nature en deuil,
D'avoir écrit la vie dans un recueil,
D'avoir offert au ciel ma porte.

La peur m'ayant assez consenti
Et voulant mon geste de concevoir
Mon espérance dans mon rite d'espoir
Elle viendra quand et je serai déjà parti.

De mon esprit coincé dans les espaces
J'entendrai l'ange me couvrir de ses ailes
Pour m'empêcher de voir les âmes rebelles
Qui dérangent ma vie ici de leurs grimaces.

J'aime ma face. Mais elle ment.
Inculpé par son imaginaire laideur,
Elle survole les vents et sa couleur
Entend l'orage qui lui défend.

Je passe mon temps dans les matinées
Paresseuses dans leur malaise
A écrire sur le monde et leur thèse,
Et sur les voies qui lui sont innées.

Souvent j'implore le pardon du Seigneur
Car il entend les cris devenus coutume
Des hommes infirmes. Et je consume
Les passages qui sèment la terreur ;

Il connait j'ai donc confiance
La routine qui projette le noir
Dans les maisons sans espoir.

Et je ne déroute pas ma méfiance ;

Conquérant les têtes des hommes
Mourant sans des capables carrières
Comme d'irréparables Molières
Le bien est presqu'inconnu dans ces formes ;

Dieu se souvient de nous dans nos malheurs,
Il écarte devant nous, sans qu'on le demande
Les ombres dont se cache la fausse commande,
Souvenons-nous de lui dans nos bonheurs.

J'ai des faces réelles dans ma tête
Consacrées à habiter dans la maison
Enfoncée dans le revers de la saison
Qui vient trouer ma mallette.

De mes mains vouées comme des machines
J'écris sur les âmes inconscientes.
J'entends venir des phrases menaçantes
Des bouches garnies de fausses combines.

Les bons sont seuls comme celui qui subit
La lourdeur d'être né rêveur.
Leur méthode est leur propre auteur
D'une vision qui ne finit.

Le diable connait ses reines !
Il entrevoit dans ses allures sottes
La condamnation de ses fautes,
Dans l'intimité de ses peines.

Quand sera levé le bon jour
Les pays viendront imiter
Les sages. Les nuits iront limiter
Les démons dans le fond de leur détour.

Assez de largeurs consolatrices
Qui se manifestent dans nos cénacles.
Assez de noirceur dans les spectacles
Que nous avons offert à nos vies actrices.

Les ancêtres reviendront voir

Des guides qu'ont écrits leurs voiles,
Le livre de leurs forces mentales
Est parti accompagné leur pouvoir.

Les saints, cordes d'exemples
Descendront se réjouir de la prière,
Les vierges verront la lumière
Les désunir des faux temples.

Bukavu, 3 juin 2016

ECCLESIASTE

Les génies anciens sur leurs visages imprimés
Sursautent le haut dans leurs futurs supprimés
Par des gifles qui n'ont pas de brumeux avenir,
Il parlait main brave et par un choquant soupir
Invoquait ce dont font face les gens dans leurs plaies,
Dans leurs pleurs, quand ils ont manqué leurs paies.
L'on se donne des travaux sous un jaunissant Soleil
Sans fruit. Mais où est la source de notre orgueil ?
Les sciences augmentent la lourdeur de la fureur
Pendant des jours chagrinés qu'aplatit ma douleur.
L'héritage divin en moi progresse
Et voici que la raison est ma sagesse.
Dieu donne la profusion aux nations
Qui ne sont pas maîtres durant les générations,
Des eurythmies originales pour en réjouir.
Quand on en jubile, l'étranger leurs fait fuir :
Ils sont destinés à vivre durant leur opulence
Le service, la disette, la déficience.

Le Soleil parcoure la Terre de son soupire
Et par tête avertie me fait lire.
Ma sagesse vaine montre ceux qui ont tort
Mais avalée par les œuvres du pire sort
Que boira le Jérusalem des hommes
Et mes regards, mon aumône, mes maximes
Seront oubliés et je mourrai cœur entassé
Puisque je ferai équipe avec l'insensé.

La vie me déplaît. Les travaux de détresse
Sous le Soleil blessant que je caresse
Seront salutaires à qui occupera le trône

Et la coutume impérieuse de la zone.
Têtu ou judicieux qu'importe, il fera
De son bâclage béni ce qu'il voudra.
Mon cœur, cet éternel buveur des jours
Consacre sa vanité à des chagrins sourds,
Amère est la femme qui échappe à Dieu
En qui les filets des diables dans son lieu
Occupent par des pièges son esprit désert
Elle est la copine déliée que la mort à offert.
J'en ai manqué une qui pleura la nuit
Ou qui brille dans le noir qui s'enfuit.
Voici que dans les foules aucune n'allume
Mn charme et mon choix qui elle se parfume.
Dieu n'a donc pas créé le diable. Les cours
Que les mondes s'octroient sont les détours
Dénaturant leurs visages droits dont se sert
L'ennemi pour vêtir le monde d'un visage couvert.

Les rois balourds marcheront comme des esclaves,
Maudits par le flou qu'occupent leurs grossiers caves,
J'ai vu tomber dans une fosse, affecté
Le hautain mordu par son serpent infecté.
Si les rois des ténèbres concédaient mes mérites
La loyauté des Cieux sains dans leurs rites
Vivrait comme un siège droit de l'homme
Sur qui s'assoie la sentie vérité de forme.
Mais ce que je fais ne vaut pas mon éternité
Je cultive la nuit pour offrir du bon thé
A un inconnu songe qui vient le petit matin
Accomplir le vœu qu'a promis son destin.
Dieu amènera toute œuvre au jugement
Au sujet des lettres de son commandement.

Bukavu, juin 2016

L'APPRES-MIDI A SAÏO

Je me couchais mettant sur mon ventre le sac
Aux bords de Ruzizi et au pied de l'ubac
D'un mont qui m'empêche de voir le camp
Des fumées provenant au loin d'un vaste champ
Ornait les airs où je dirigeais parfois mes pupilles.
Sur le tapis vert où un chêne jetait ses jaunies feuilles
Dans un vent frais couvrant le long de la rivière

Les vaux et leurs familles retrouvaient de la manière,
Des petits poissons colorés depuis la nuée vivante
Jasaient dans l'ombre verdâtre de la Ruzizi coulante,
Et j'admirais leur sourire dans ce monde sans maître,
Où l'amour de l'un résulte de la survie de l'autre.
Les pêcheurs, de part et d'autres sur les eaux calmes
Du Rwanda portant dans des pirogues de grosses palmes
Sur lesquels mettre ces petits êtres une fois leur vie ôtée,
Et du Congo motivés durant leur quête non projetée
Chantaient des chants pour leurs futures proies
Emportés comme des échos, pris de longues joies,
Mais ils me regardaient prendre ma propre leçon
Prenant un mon grand chêne pour hameçon.
Le Soleil furieux avait des rayons jaunes anormaux,
Certains pasteurs, tourbillonnant près des animaux
Prenaient le chemin qui va vers Quartier latin,
D'autres, couchés comme les étoiles du grand matin
Frappés par la méchanceté des rayons solaires,
Marmottaient sans qu'attendent leurs paires.
Et j'aimais tous les voir occupés. Je contemplais
Les merveilles divines que personne n'égalera jamais.

Vêtu d'une chemise blanche et des souliers rougeâtres
Mon pantalon bleu couvert des feuillets morts jaunâtres,
Les fourmis rouges ornant un arbre prêt à mourir,
Et des agneaux passant comme un troupeau martyr
Je vus alors que dans ce gigantesque univers
Les uns en quête de survie, d'autres pervers
Tous tournent sans jamais oublier leurs cabanes ;
Que quand les vies des uns trouvent des pannes
Celles des autres est en plein célébrations festives.
J'écris donc quelques phrases de mes missives
Avant qu'un corbeau croassant, fuyant une pluie lointaine
Excrète sur ma tête presque chevelue. Et à peine,
Quelques soldats patrouilleurs passaient dans la brousse
Que je me baignais dans les eaux de la source...

Bukavu, mai 2016

SANS RETOUR

Cet esprit qui se fusionne à notre savoir impuni
Nous pousse par ses rideaux au fond de l'infini.
On y va sans geste, à genoux et éhonté

Laissant en deuil notre entourage hanté.

Délaissés par nos prières futiles qui sont veines,
Ne sentant plus de beau vent du dessus les plaines,
On entend des paroles douces, hypocrites et étranges
Des humains qui nous flattent comme des anges.

On oublie que les vents dans les vallées sont beaux,
Les guerres, les soirées entourées de belles femmes,
La sagesse des mères, la soif, les dilemmes.

L'ombre de nous-mêmes dort en dessous des tombeaux
Croupie sans parole dans un moment silencieux,
Séparée de tous, même de nos actes d'amoureux.

Bagira, 21 décembre 2021

LA BIERE

LA BIERE D'UN HOMME DIGNE

La vie lui sourit parce qu'il la prend comme tel,
Il comprend son incapacité à vivre aimé
Par tous, et à récolter tout ce qu'il a semé,
Il pense qu'il vit toujours et qu'il meurt semel.

Ce qu'il pense n'est pas ce qui s'accomplit
Dehors, mais sa récolte devra un jour surgir.
Sa boisson n'oblige pas la vie de recourir
A l'infliger du doute qui ne finit.

Son amour est un fardeau sans équivoque,
Le foyer qui y est bâti survit à la folie
Qu'impose le monde et sa rage malpolie.
Ce qu'il vit n'est ce que l'homme évoque.

La vigne n'évanouit pas sa conscience,
Souvent incompris et souvent pesant ses doses
Il donne des sens appropriés aux choses.
Le mensonge est un ennemi de sa science.

Bukavu, 01 novembre 2021

LA BIERE DES HYPOCRITES

Ils boivent alors qu'il pleure sur la cité,
Du sang coulant sur les rues de la ville ;
Doux entre eux mais d'une méchanceté
Envers ceux qui ont une vie difficile.

Envoûtés par l'amour de faire peur,
L'harmonie ensorcelée des sons
Dont ils sèment dans pleur et frayeur
Est éternelle, chantant dans leurs maisons.

En tout ils gagnent : maladie des gens,
Guerre qui éclate au Kasaï Central
Ou à la porte de ceux qui perdent du sens
Déliés des prochains un conflit mental.

Vous mourez pour eux dans des meetings,
Et puis, leur fortune venant d'horizon
Remplissant de l'or dans leurs parkings

Vous êtes là, attendre votre pendaison.

Bukavu, 25 novembre 2020

LA BIERE DE L'IVROGNE

Certain s'enivrent après des retrouvailles dansantes
Sans prendre de vin dans des ombres fracassantes,
D'autres, pour fêter sans cesse leur chagrin d'amour
Jettent dans l'impasse la mauvaise passe du jour.

La bière n'y peut rien, c'est la vie qui nous enivre.
Les choses perdues sans quoi vous ne pouvez vivre
Jacassent dans vos têtes et bouchent vos fatigués cerveaux
Tant le monde troue et vous jette dans ses caniveaux.

Ne dites pas : Le vin est bon, sans rien comprendre,
Si pour oublier les gens sont d'ivrognes, donc jamais
Le stress ne passe, ne dites pas : le vin est mauvais.

La bouteille est un ami dont il ne faut dépendre,
Boire sa coupe pour maquiller l'envie est beau mais,
Sans prendre d'importants instants pour des essais.

Bukavu, 21 novembre 2020

LA BIERE DES INDIGNÉS

Ce que traverse ton cœur dans ce violent désert
Même quand rien existant ici-bas ne sourit
Est un aller que tous on rêve vers un jardin vert,
Prend donc ton luth, la vie est un livre qui s'écrit.

Et notre futur est un plat qui jamais ne se sert
Et qui fuit souvent, admettons, la sauce qui pourrit.
L'amour est un repas qui choisit son dessert
Voilà que du prochain vient ce qu'on se nourrit.

On verra dans l'éclair joyeux sur un grand rivage
Ce que Dieu construit pour ceux qui détruisent l'orage
Qui dans nos airs depuis notre naissance survole.

Le mal passe par un ouragan violent des sables

Qui parfois détourne des envies impraticables ;
Et souvent on découvre pour quels amis on est frivole.

Bukavu, 17 juin 2020

LA BIERE DES INSATIABLES

Lorsque rien n'est à sa place, ceux qui sont dans nos cœurs
Disparaissant sans nous dire mot. Nos infâmes rancœurs
Envahissant de sang-froid notre interminable courage,
Nous effaçant de leur page ;

Alors nous perdons confiance en ce qui est utile,
Oubliant qu'en certains temps notre peur est hostile,
Que lorsque le moment inflige son obscur contact
Seul notre esprit est intact.

Voici des rituelles perpétuelles et impératives
Venir sans aviser et sans voies inactives
Pour engendrer du chaos chez des pauvres âmes
Sans armes.

Le courage et la dévotion des vaillants
Déracineront pour des cœurs pétillants
Les pires moments et épargneront leurs lendemains
Des mauvais vins.

Bukavu, novembre 2021

REVOLTE

LES AIRS NOUVEAUX

Louez ces airs qui renaissent sur le temps
Comme les graines font naître dans les champs
De petits êtres vivants, innocents et vides,
Oubliez des airs cupides.

Assises sur des firmaments solides et mûris
Les âmes bien bâties durant des kilomètres infinis
Saluent la rareté du bien et la mort du mal,
Et son déclin humoral.

La révolte est aux heures, la souffrance pourrit
Sur son propre trône. La rougeur qui nourrit
Le côté sombre qui habillent les tombeaux
Disparaît dans les eaux ;

Dans les eaux bénites qui coulent sur les bonnes terres
Noircies par les années et de faux parterres.
Seront écartés par les vents nouveaux et utiles,
Tous les cœurs hostiles.

Bukavu, 20 décembre 202

FATIGUE

La colère s'abat d'elle-même, sans faire renaître
Sa victime consumée par ses propres torts.
Les mauvaises âmes ont, j'essaie de l'admettre
Un rituel infernal qu'il colle à leurs corps.

Souvent, j'ai hâte de constaté sans le vouloir
Que nos ennemis sont plus proches que nos amis,
Ils roulent autour de la pierre où on veut s'asseoir
Avec un sourire hypocrite et des esprits insoumis.

Le monde a saisi nos pains et s'est vendu l'honneur,
Assis comme un roi conquérant tous les terres voisines.
La dignité s'en est allé vers des lieux emplis de fureur
Où les plaines se confondent à des saintes collines.

Le mensonge s'est payé les bouches les moins charmantes
La société s'effondre et le mal s'assoit sur nos canapés.
Qu'importe temps où roulent les ères troublantes

Nos haines et notre somme sortent entrecoupés.

Bukavu, 6 décembre 2021

REVOLTE

Je m'assois où je veux et j'écris
Pour faire tomber en moi la peur
Qui dîne de la rude douleur
Et freine la confiance en mes amis.

Je la vois. Où je vais elle me suit.
Et j'écris. Je vois par mes yeux
Qu'elle jouit de mon air malheureux
Mais je la combat jusque dans sa nuit.

La grandeur alimente le bon cerveau
Mais ma peur me tourne vers le tombeau
Que je bannis, repoussé dans l'infini.

L'heure viendra où je remplirai ce caveau
D'une fureur cachée dans mon chapeau
Et il pleuvra l'espoir sous soleil jauni.

Bukavu, 9 avril 2020

LE MONDE COMME SI...

Le monde comme si je n'étais que seul ici-bas
Sans choix et sans un château qui m'abrite
Me contraint de retenir avant d'avancer mes pas
Dans mes secrets, tant c'est le seul lieu où j'habite.

Je construis le futur de tout comme un pauvre rat
Dont la famille est un astre ignorant son orbite
Passant sa vie à dénicher le cri d'un chat
Dans des secrets qui cachent ce qu'en moi je suscite.

Ma vie est ma seule arme, elle est mon unique vie.
Je la conduits et à son tour, elle me manie.
Elle est l'amour fatal de tout ce qui l'équivaut ;

Et de ce pourquoi l'homme se bat perpétuellement
J'écrirai dans la mienne le goût de moi qu'elle sent
Lorsque chaque fois pour grandir je fais un saut.

Bukavu, 21 juin 2020

PAROLE AUX POLITIQUES

Que rêvez-vous lorsque, couchées sur un rivage
Dont le sable est un crayon qui dessine l'âge
Vos visions écrivent sans cesse l'avenir des êtres
Ouvrent quelques histoires et en effacent d'autres ?

Que supposent donc – je me réjouis toujours d'y penser,
Vos familles sur des sons fous se mettant à danser
Alors que vous rendez la vie d'ailleurs effroyable ?
Aimeraient-elles nous voir toujours d'un air lamentable ?

Les paroles sorties dans vous sont contraires aux mots
Qui vont et viennent dans vos mondes fous et sots.
Les routes où passent vos pieds sont atteintes
Des maladies qu'ont laissées vos empreintes.

A Beni, sur des collines ensanglantées, l'on voit
Excités comme celui qui trouve ce en quoi il croit,
Des monstres sournois bavardant dans la glèbe,
Optant pour la souffrance non-stop de la plèbe ;

Lorsque ici on meurt, on pleure ou sous un Soleil ardent
Le temps nous est sévère et vous est diligent.
La peine a haussé de ton dans nos maisons funestes,
La vie vous donne tout et nous envoie les restes.

Bukavu, 17 juin 2020

LA POLITIQUE

Elle est un père dispendieux et oppresseur
D'un estomac large aux appétits arrogants,
Elle est un choquant taureau qui mange ses enfants
Et qui, pour eux devient un paternel agresseur.

La politique, tant elle aime son monde opulent
Se méfie de notre social ensanglanté,
Son quotidien houleux et ses menaces de santé
Construits ses petits sont un poing qui tue lent.

Déteste-t-elle quand la vie sourit à la ville ?
Ou quand tous ses pauvres enfants d'un amour mutuel

S'accaparent longtemps d'un bien social perpétuel
Sans que le peuple dorme dans son lit tranquille ?

Comme le noir gonfle les enfers dans leur vanité
Et pour désenfler ce qui reçoit d'elle l'apathie,
Elle arrache pour donner à celui qui se méfie,
La justice chantée par le peuple en calamité.

Depuis qu'elle transmit en nous sa nouvelle éthique
Des écrits et des testaments, elle devint l'arme
Des hommes pour détruire leur symétrique charme
Et depuis, justice prit le nom de la politique.

Bukavu, 20 juin 2020

CONFRONTATIONS

LE SAGE

Mon cœur, ce sage être qui bourdonne en moi
Et qui me rappelle sans cesse qu'à l'interne
Quoi que mortel, on est plus fort que soi,
Me dit que ce qui m'entoure le concerne.

De fois, je me juge et de fois, d'actes et justices
Dormant sur un canapé vieilli et ennuyeux
Le monde condamne mal mes infimes sacrifices
Et obscurcit ce que lui montrent ses yeux.

Avisé et curieux, mon cœur attenue ma pression
Cet ami que je n'ai jamais vu et ce camarade
Et qui étouffe les déroutes de ma vielle balade.

Quand les gens me fuient, il dit : « je suis ta passion,
Tu es le front dur et mou de ta façade ».
Quand il pleure je dis : « clarifie ma promenade ».

Bukavu, 27 avril 2021

LE CHATEAU

LE POETE

Deux humains se tenaient dans leur château vieilli,
L'un, de son comportement fatigué et sailli
Avait le front douloureusement empli de colère,
Le jour d'un jaune noirci, venait à peine de mourir,
L'autre, accusé, manquait de quoi se couvrir.
Ils étaient deux, leur vie n'était pas celle d'un souffrant
L'un était le père, l'autre était l'enfant :

LE VIEUX

Je ne sais comment je me nomme
Dans ton histoire qui se purifie,
Dans la laideur qui trahit l'homme
Qui sourit au monde qui se méfie
De toute gravité des flaques atténuées.
C'est moi l'oasis des restantes nuées.

Je ne suis pas le seul à aimer,
Vivre dans les lueurs d'aurore
Qui s'aime et veut se parfumer

Est ce qui me commémore.
Entendu que je suis très beau
A ceux qui ne veulent pas mon tombeau.

L'ENFANT

Détrempe ton âme dans les choses,
Que même les cieux les plus doux
Ignorent, et si tu proposes
De réintégrer ton passage jaloux
Tes devenirs iront droit aux loups.

LE VIEUX

Qui ne dit mot songe-t-il encore
Dans son plafond que j'ignore ?
Cet enfant qui venait de voir
Se réveille pour me décevoir
Au moment que mon pleur s'évapore
Dans le silence attristé des museaux
Féroces des scélérats oiseaux.
C'est pourquoi moi qui tombe
Quand la feuille par son limbe
Lui verse le liquide des roseaux.
Je suis puni arbitrairement
Par ceux qui me parlent gentiment,
Du moins, c'est sans vigueur
D'admettre toute sa largeur
Dans le fond de mon sentiment,
J'étais souvent débranché
Quand l'on me parla penché,
Comme un sein pèlerin
Peureux de sa limpide fin
Qui l'enterre, vivant et empêché.

L'ENFANT

Je crus me réjouir de m'être sacrifié
Pour l'effort d'un père tout amplifié ;
Hélas, je vis dans le côté insatiable,
Le nouveau venu des jours lointains
Et je porte au droit de mes deux mains
Ton charme immérité et inqualifiable.

Que faisais-je avant même mes années ?
Avant que ce pays des Arabies-nées
S'ordonne, ce corps toujours impuni ?

Que rêvais-tu ? De quoi se mouille
La poche franche qui souvent te mouille
Le corps et l'âme de ton hippodrome infini ?

A qui revient donc ta faute entière
Si la souffrance de ta vaste carrière
Est emplie des combats vains et de feu ?
Si ton histoire méprisée n'oppresse
Ton idée qui parle et qui ne progresse,
Pourquoi la réussite t'inquiète si peu.

Dieu connait vrai que tu n'as pas de haine,
Les fleurs que te jette toute ma peine
S'unissent l'offrant tout leur pardon
D'un cœur construit par ta femme aimée
Qui rêve sans cesse à ma vie alarmée
Pour t'offrir l'inverse de ton abandon.

La vérité est coincée dans le filet même
De tes miséreux mots,
Et rien ne devrait finir encore en flou emblème
Si ton passé était doux comme les flots :
Agités par le vent mais paisible pour leur avenir
L'amour qui règnerait en moi
Les racines aplaties de notre devenir
Seraient glorieux, et toi ;

Les cieux souriraient à nos fêtes de famille,
Sans bruit épais,
Le monde et son enfer qui fourmille
De ses temps mauvais,
Fuiraient vers les sentiers désordonnés.
Et s'en iront
Des méchantes gens et immondes-nés
Vers leur futile mont.

LE VIEUX

Si l'amour n'est pas roi absolu du temps,
Quelle est cette vérité qui te tourmente ?
Qu'ignores-tu dans ton cœur qui monte ?
C'est la Terre, de ses amaigris champs
Qui nous donne le présent et nous ravit le passé,
Le passe n'existe pas ? Crois-tu ce fossé

Qui sépare les rangs que tu t'imagines ?
C'est la vie qui nous jette tous ses ruines.

Je ne mourais toujours jamais
Sans faire de ce vieux château
Un building fou où désormais
Les anges boiront de l'eau.

Je ferai même de ta mère
Ce que les humains veulent d'elle,
Et les porteurs de jalousie amère
Seront expulsés de par séquelle.

Je mentirai, crois, pauvre garçon
Le jour que la Lune de sa douceur
Initiera dans sa chanson
Le soleil chaud pris de colleur.

Je suis pareil à la bonté,
Je connais tous les salaires
Les dons, les rituels, la santé
Que procurent les voies scolaires

Qui touche mon armée féroce.
Je lui protège par mes vielles vignes
Et je me mêle à son écorce
Qui m'est de bons insignes.

Je vois tout ce que boivent
Les âmes vouées à bien se convertir.
Et je regrette ce que savent
Rien et voulant te mentir :

Les enfants de mes entrailles.
J'aurai longtemps ouvert
Depuis le jour de mes fiançailles
La joie dans un océan désert,

Qui me cache et chuchote
A la dorée reine : ma femme
La louange qui sursaute
Et qui sacrifie mon charme.

Heureux ceux qui après l'hiver
Gardent leurs costumes de soie.
Heureux ceux qui ont une vie de fer
Gardant leur bile en foie.

L'ENFANT

Oui, c'est de l'amour que vient la haine.
Ouvre les yeux et fixe bien la plaine
Où tombe la victoire venue par surprise
Quand elle est noire et mal apprise.

Et s'il était très parfait d'écrire :
Toute vérité est courtoise à dire,
Qu'invoquerait donc ta faible capacité ?
Que dirais-tu de ton erreur venté ?

LE VIEUX

Prend donc garde de bien finir ta thèse,
Condamne ta fierté qui s'assoie sur ma chaise,
L'œuf ne contient jamais de poule
Sans que le coq ne s'octroie de semoule ;
Tes premiers mots sont venus de la bouche
De celle à qui j'ai donné ma souche.
Mon courage ne vient pas de rien
Et mon comptoir diamanté est le tien ;
Quand je te donnerai la parole
Que sera à ta possession le symbole
Qui fortifiera le vin de la sueur
Que je versais pour ta bonne stupeur ?

L'ENFANT

J'admire bien le geste de ta conjugaison,
La gratitude ne mérite pas l'affrontement,
C'est l'art statique du bon jugement
Loin d'être l'herbe de ton gazon.
C'est le nom éclairant des nuages
Qui ont travaillé pendant tous leurs âges.
C'est l'infatigable secret que les cieux
Offrent à ceux qui doivent être bienheureux.

LE VIEUX

Souviens-toi toujours de mes chutes déguisées
Comme l'eau baride des mers puisées
Tu échoues d'humble avis à mes propos,

Mais les gens t'en diront plus après mon repos.

L'ENFANT

Reconnais-tu ces lieux dont s'arrête l'âge ?
Tout ce qu'en rond moment se couronne
Tout ce que dans mon cœur s'emprisonne
Est ton impression sage.

Malheur à ceux qui s'engagent dispersés,
A voyager comme des vagues de peinture
Déconcentrée et qui n'ont nulle monture
Qui les porte déversés

Je vis esseulé dans mon spacieux Sahara
Depuis que le goût de voyage t'agite,
La rêverie infernale depuis lors habite
La vallée qui m'explora.

Tout ce qui se touche en ma jeune barbe
Va maudire sans relâche les mauvais frères,
Tout ce qui concerne mes amples prières,
Critique ton maxillaire imberbe ;

Tout ce que je pleure, implorant les cieux,
Tout ce qui passe sans devoir revenir
Vers la source costaud qui sait se retenir
Est comme un mythe des dieux ;

Ma colère est une tige d'une vie amère
Tout ce qui rend ma tension à genou
Et se miniaturise comme la vie d'un pou
C'est la vie de ma mère.

Tout ce qui va le matin et rentre tard le soir,
Sans penser à sa femme et ses efforts,
Tout ce qui ignore le pourquoi de ses torts
Est ton rude savoir.

Quand se créa l'âme qui brille
J'aurai été l'ainé de la famille.
En dehors d'ici progresse
La moue finale de maladresse,

Mais je te le dis encore, cher père :
Tu fais naître les racines à ma colère,
Constate, peu de choses de toi
Sont vraiment amoureuses de moi.
J'appelle la sainte retenue des Cieux,
Je ne veux pas ressembler à ce vieux,
Il est souvent mon plus rude obstacle,
Je veux certes, goûter à son miracle
Mais épargnez-moi de sa hautaineté noire
Qui se jette en ce qu'on va boire.
Le sang de ses veines âgées circule
Dans les miennes. Lorsque ta pendule
Sonnera, je courrai de mon propre pied
Et de mon savoir inspiré et inquiet.
Je ne serai pas entier dans sa main
Pour moi, pour la vie et pour demain.

LE VIEUX

Si le monde existe depuis le début
Crois-tu que c'est moi qui t'y ai mis ?
        Et quel est son but
En rendant son faubourg moins émis ?
Dieu ne répond pas aux enfants par mégarde
        Nous sommes infirmes
Depuis ces années je n'étais qu'un garde
Qui hébergeais le bonheur des coutumes
        Si je suis moqueur
Je sens mon inculpation désavouée
Comme un fauteur et comme un menteur.
        Ma famille est trouée
Mais je ne suis pas dans un vétuste tombeau
Qui freine la foudre de mon appétit.
        Respecte ce château
Qui t'abrite depuis que tu es petit.

Bukavu, avril 2016

A BUKAVU

LA FOULE

Que donc fait ce pauvre homme ?
Cette plume qui, jamais ne dort
Croit-elle en son chaste sort
Qui vient et va dans son somme ?

Et vois-tu que nous te soupçonnons
De vivre complice de nos démons.
Qui donc connait ta vraie saveur
Qui es-tu pour te bâtir ta propre valeur ?
Tu nous regardes et tu accuses tout :
L'arbre, la pluie, l'âme, le jour,
Les ondes, les hommes, l'amour,
Le cache-col que l'humain coud,...

LE POETE

Je n'écris pas pour que le plaisir me soit voisin
Ou pour enrichir la douceur de mon coussin
Mais parce que les scènes sont ineffaçables
Dans les villes, dans les cieux, dans les fables.
Ma terre calcule des millions de kilomètres
Et la foule m'aide à écrire
Car elle cache ses fautes dans son rire
Et dans les tombeaux de ses futiles ancêtres.

Je ne donne pas aux hommes leur sainteté
Je leur montre la laideur de leur thé.
Qui calme le ventre de votre pur encrage ?
Les démons vieillissant dans leur folle image ?
Ils vous contrôlent et dénaturent votre récif :
Dans la vie inconsolée et dans la raide mort,
Lorsque vous oubliez, votre mal lui ne dort
Etudiant jusqu'au tierce moment craintif.

Sachez chers humains, que les gens sont éperdus,
Les gens qui ne voient plus où est la main de Jésus,
Maintenant que tout est voilé de noir sur la Terre,
Que vous tremblez à moindre geste de tonnerre,
Qu'est-ce qui gêne vos rêveries non éclaircies ?
Pourquoi vous chantez que coulent les larmes
Des enfants sans gîte et sans armes ?
Qui coupe vos vies quand vous perdez vos scies ?

LA FOULE

C'est nous qui avons l'amour anormal ?
Qu'as-tu en toi qui ne se féconde ?
Et où mets-tu tout le passage animal ?
Pourquoi tu nous chasse en ta terre ronde ?
Toi qui pense à l'univers merveilleux,
Toi qui nous marque de ton habillement pieux,

Toi qui ne valorise pas du tout
Le père qui attend de toi un espoir
Sans rien chuchoter de son devoir,
Nous promets-tu de filer jusqu'au bout ?

LE POETE

J'écris et je laisse parler mes vers,
Ils viennent de nulle part, de partout.
Et je sais de bon cœur qu'à travers
Leur vaste vue je pourrais vivre en tout.
Je ne surnomme pas ma lenteur
Mais je contrôle tout mon malheur.

Mais je me confie le pouvoir
De ressusciter en votre cœur
La puissance même d'avoir
La nuit dans votre ampleur,
Comme ombre de terreur.
Je ne connais aucun geste
Qui massacre le reste
De toutes les habiles figures
Mais le pense à leurs vies futures.

Votre repaire voulu n'existe presque plus
C'est la mort qui m'empêche
De croire aux être superflus,
Je ne lutte que quand je pêche.
Ma plume éternelle déniche
La grande honte des malheureux,
La douceur des visages terreux,
Les songes des amours désertes
Assises sur des racines inertes.

L'OBSERVATEUR

Les bonnes gens parlent haut à nos cœurs
Quand nos larmes nous font d'horreurs.
Je prends le pinceau doué et avide
Du Poète et de mon sentiment morbide
Je sens que le monde est une musique de chagrin
Où l'Univers nous prend comme son engin
Et choisit qui vit et qui se jette à l'eau,
Qui meurt et qui périt sans tombeau.

LA FOULE

La souffrance nous étudie ensemble
Son orgueil songe à nous il me semble.
Mais rien ne guérit la lave qui coule
De nos yeux quand nous visite la goule
Que l'effort songeur et original
De nos poings en combat fatal.
Quand nous fermons douce nos paupières
Nous entrevoyons venir des cimetières
Les maladies des siècles secrètes
Les politiques, les pasteurs, les poètes
Et sans le savoir, nous voyons venir
Des guerres qui nous refusent de fuir.

L'OBSERVATEUR

Quand nous pleurons, le Poète s'assoit
Prend sa lyre, regarde le pays et pleure.
Dans les recoins criminels il aperçoit
Les gens fuir leur unique demeure.

LE POETE

Tout ce qui défait le monde, c'est de l'homme
Qu'il trouve son abri et fait la somme
Des jours qu'ils déplacent. Les fleurs
Qu'il touche fanent et deviennent des pleurs.

Jouer le rôle de simple récepteur
Est un rituel coupable de votre secteur.
Le mal limpide qui tous nous enflamme
Vient du fin fond de votre âme.

L'on pense que vous savez mieux
Le risque graduel qui vous est honteux
Mais si vous aviez de quoi en procurer
Vous auriez su très bien respirer.

On manque sa cible et on ne sait bien se retirer
Des lieux maniaques où le mal veut empirer
La noirceur des jours et le maintien langoureux
De la classe sournoise des contours malheureux.

L'OBSERVATEUR

Est-il lâche de voir échouer son effort
    Qui décroit et se fâche ?
Et que donneras-tu au lion qui s'endort

Affamé et relâche ?
Le lièvre que le temps veut sacrifier
Lorsqu'on compte en rebours ?
A qui donc devrais-t-on normalement se fier
Pour qu'ici-bas on aime ses jours ?
Si nous sommes ce que sont devenus nos pères
Si l'âme qu'a la masse
Disparait lorsque nous voyons mourir nos frères
N'est-ce pas le temps qui nous chasse ?

LA FOULE

Quel salaire te donnes-t-on à en croire
Les agents de ton école mourant fallacieux ?
Et si demain est le jour que savent les Cieux
Ne devons-nous pas s'entraimer et boire ?

L'OBSERVATEUR

Les démons sont créés pour l'être humain,
Leurs veines ont de longues déficiences,
Ils se nourrissent sans cesse du demain
Des hommes pris de leurs maudites sciences
Ils n'ont pas de terres où loger leurs bananes,
Ils entrent sans toquer dans nos cabanes,
Ils roulent dans nos maisons et par leurs magies
Ils allument et consomment toutes nos bougies.

LE POETE

Ils ont détenu nos meilleures vies
Et occupé les cranes de nos envies.
Leurs verbes sont devenus nos verbes
Nos herbes de refuge sont leurs belles herbes
Vous avez le droit de vivre enthousiastes
Comme la vie est aveugle et indigne,
Le verre qui contient sa vigne
Vous a rendu haineux et racistes.
Dieu n'a pas de jour ou d'obscurité,
Il contemple notre profonde stupidité
Et nous délie de notre corps à l'heure voulue
Qu'importe bon départ ou notre bienvenue.
L'homme dans sa vie riche et solitaire
Est confronté aux deux : le mal et le bien.
Il fuit vers la facilité et n'y obtient rien
Jusqu'à ce qu'il devient solidaire.

La fin de la bonté est infidèle à déclencher
Et accorde au mauvais une peine plancher.
La bonté est clémente
Mais éteint ses yeux lorsque notre calvaire
Vient de nos fleurs plantées au bas d'estuaire.
Elle est une fente.

Je sens que nous laissons d'anormaux héritages,
Nos grattements font s'envoler tous nos plumages
Que je ne vois plus.
Je nous regarde de loin, assis sur des sombres ports
Sans habillages, sans repas et sans transports
Seulement nos sentiments têtus.

Je vois, le soleil touchant le point de l'horizon
Couler les pluies qui alimentent votre poison.
De l'air corrompu
La classe qui vous dirige est celle qui vous endeuille
Dans les fermes coins où elle vous agenouille
Sans regard interrompu.

LA FOULE
On est humains, on a d'affreux songes.
Hélas, le destin du gâteau que tu ronges
Est invisible devant de hautes appréhensions.
Ils ont jeté dans des tombes nos compréhensions,
Ils contrôlent les sens des paroles de nos mots,
Nos voluptés et nos pauvres lots
Sans qu'on ait envie de savoir qui sème la terreur
Sans qu'on soit capable d'éteindre notre pleur.

LE POETE
Prenez garde, je vous envoie un message,
Ecrivez-le sur l'écorce de votre visage :
Une fois que vous aurez su tout,
Vous aurez d'avance votre atout.

Bukavu, avril 2016

LA GUERRE DES MONDES

L'OBSERVATEUR
Un jour mes oreilles trouées par le bruit
Ont senti la foule détraquée qui s'enfuit.
La rivière était calme et deux pêcheurs

Etrangers et sans suite nous envoyaient des pleurs.

LAMBDA

J'obtiens dans mon berceau de sainteté
La naissance des prières de l'humanité,
Je laboure mais je possède de lourdes faims,
Je songe aux humains qui ne se tiennent de mains,
Que pour secourir leurs propres capitaux,
Ils manipulent notre survie par des taux
Qu'ils enflamment pour limiter notre repas.
Ce que nous rêvons n'arrivera pas,
Car ils ont déjà mis de toile à nos maisons.
Ils ont déjà donné de mal-sens à nos raisons.

LE JOUFFLU

Lorsque je m'embête pour enjoliver votre monde
La maternité multiplie sa vaine croissance.
Je désire ne plus partager ma pauvre confiance
Pour bâtir mon empire où la haine se fonde.
Mon pays a besoin de moi. – Que je pille
Tout ce qui appartient à notre nature
Qu'importe la plaie, qu'importe la fracture
De ceux qui habitent le long de la brille.

LAMBDA

Je pleure tous les jours, quelle est la cause ?
Quelle est cette terre bâtie qui se repose
Sur mon épaule ? Suis-je l'incapable
Devrai-je donc mériter, à moi seul
L'ampleur unique à notre linceul ?
Que vais-je faire de mon sort incurable ?

L'OBSERVATEUR

Quelque ami se trompe. Il s'agit ici
Des maux que tu ordonnes, et voici
Tout le monde comptant tes jours
Et insécurise sans cesse ton riche cours.
Lève-toi, marche. Prend donc ton glaive,
Regarde les maux constituer la preuve
Qui s'accapare de tes grandes bravoures,
Voici le champ qu'il faut que tu laboures.

LAMBDA

Le temps court si vite. – je mords
Le propre goût de mes seuls torts,

Tous les pays du monde ont leur foi,
Leurs faces cachées, leur rire
Hélas, ils ont leur façon de tomber sur moi
Sans contrat, sans paie et sans écrire
Comme si nous faisons ensemble un empire.
Nous avons les mêmes températures,
Les mêmes bouches, les mêmes odeurs,
Et moi, j'ai souvent mes propres fractures
Je chante seul des chansons en pleurs
Qui accompagnent sans relâche mes vigueurs.
J'essaie de fuir mes mouvements mais je bouge,
Mes sourcils évitent ses difformes larmes.
Mon sang est normal, de sa couleur rouge
Il s'est vu déshonoré par la venue des armes
Et par la routine des soldats sans charmes.

L'OBSERVATEUR

Tu mourras dans ta boucle, sans aucune tombe,
Lève ta tête, ouvre les yeux et regarde la colombe
Venue de pitié secourir tes nuits hideuses,
Tant tes jours sont pénibles, tes envies sont affreuses.

LE JOUFFLU

Je n'ai pas sur moi de couronne
Pour que ma routine fonctionne.
Il faut que certaine larme coule,
Pour que de mon pouvoir je refoule
Vos destins partis dans les noirs indéfinis
Qui, pendant des décennies sont restés impunis.

LAMBDA

A quoi sert la richesse de mon sol fertile ?
De quoi est fait mon présent futile ?
Le colon a éparpillé son argent sur ma cité,
Et mes frères ont perdu leur intrépidité.
Hélas, je me sens éloigné de mon essor,
L'efficience m'a quitté encor,
Mon air souffre des maladies profondes
Car ses rituelles épreuves sont infécondes.

L'OBSERVATEUR

Tout ce qui est conforme à la fausseté
Est ce que le monde prend pour vérité,
Et l'humanité dans sa conduite mélancolique

Chérit son orgueil injurieux. Es poursuites
Vaquent à des canaux hypocrites
Et ouvre son énigme maléfique.

LE JOUFFLU

Et souvent l'on me doit grande grâce :
J'eus donné mon corps tout absolu
Pour délaver les mœurs qui jadis ont voulu
Détruire les racines de la Grand-race.
J'ai vu un chemin que j'ai vaincu,
Mes simples raisons n'auront longtemps vécu
Que lorsque j'use de vos faims pour enrichir
Des comptes que mes enfants iront rafraichir.
Leur éternité sera auréolée de vaste suivi,
Lorsque toutes les terres auront détoné
J'enfermerai ceux qui m'ont servi
Du côté droit dans mon foyer couronné.

L'OBSERVATEUR

Tous les leaders du monde, détraqués,
Souvent perdus dans leurs vastes tombeaux
Sont ivres, usés par des pesants fronteaux
Qui manifestent des moments extorqués.
Dans les chapitres remplissant votre testament
Couvrant toute votre vie qui nous ment ;
Le peuple s'est confié à des superbes textes,
Leur force qui ignore nos pauvres contextes
Nous a piégé par ses voies venues dynamiquement.
La Lune rougit dans son innocente furie,
Furieuse, incapable d'aider de pauvres hommes
Gelés par le pouvoir royal et ses méformes
Qui se construisent dans leur secrète confrérie.
Entre la Genèse innovant et l'Exode
Dieu ne récita qu'une partie de son ode
Et un siècle fut envahi alors la nouveauté,
On se confie tous à sa créativité
Mais viennent Caïn, Judas et Hérode.
Ce pays est notre monde, croyez-vous ?
Notre mort est une autre vie plus ratissée,
Une autre fonction érigée dans une neuve odyssée,
Tant la race humaine dans son monde jaloux
Emplie de ceux qui s'abattent seuls
A perdu volontiers tous ses cris sensuels.
Les peureux égarant l'usage de leurs harmonies

Sont des animaux employés par les colonies
Et vivent désormais comme des bizuts inhabituels.
Les motels frivoles sont amples ici-bas
Sur des terres riches où il pleur sur les toits
Des larmes glacées par le ciel et son poids
Engendrés depuis des lieux qu'on ne connait pas.
Lambda, ils ont corrompu le trajet de ta trombe
Qui, sans aviser et sans vous aimer, tombe
Comme la neige dans des herbes sèches
Comme les laquais endiablés sur des crèches.
Vos fadaises indécises sont votre propre bombe.

Bukavu, mai 2016

L'AMOUR ET LA MORT

L'AMOUR

Tu ne m'arrêteras point, je suis immortel.
Je pousse sous des pierres où il ne plaît,
Mes racines comme des assises d'un autel
S'agenouillent devant tout ce qui me plait.
Les pauvres quand ils tournent sans envie,
Comme dans une Terre sans jour ni survie ;
Les oiseaux sans labeur quand ils perdent à jamais
Bloqués et pleurnichards au-dessus des arbrisseaux
Tout espoir en l'enfer que tu animais
Avant que le Christ ne faiblit le fond de tes ruisseaux ;
Les hommes rêvant appartenir à la fable
Dont créent les eaux abusées de ton Diable ;

Les Anges volant dans leurs cieux superbes
Les saints, ces âmes nées dans la saine lueur
Envoûtés par la rosée ruineuse de mes herbes
Quoi coule induire leur beauté vers ma fleur ;
Tous m'ont pris dans leurs mains féeriques
Pour démunir leurs sabres des airs maléfiques.

Amie, je suis l'éternité des jeunes hommes.
Quand je meurs hélas, je reviens des restes !
Hé mort, la haine infernale que tu consommes
Me confond dans l'abîme de mes gestes,
Tant je séduis le noir qui ronge sa tombe,
Tu es l'être vers qui le monde entier succombe !

Je suis le dieu suprême des compassions sublimes
Je ferai revivre, quand le monde ne sera plus,
Les hommes repêchés depuis d'infects abîmes,
Ton sort, la fin, ton tour seront lus
Avant qu'à jamais tu ne sois le second mot
Accompagnant le nom du diable dans son flot.

LA MORT

Rien ne meurt encore en moi, amie je suis la mort.
L'ange que les bouches essaient à peine de dire,
Détenant l'humanité corporelle et tout son tort,
Oui personne dans l'infini n'aime me voir sourire.
Je ne viens qu'offrir du sens obsédé au pleur
Où je suis c'est rien, où je vis c'est la peur.

Je marche partout où l'on ne s'estime pas beau
Avant que ne s'arrête la montre qui tourne.
Au-delà du vol, au-delà du détesté tombeau
Dont j'envoie tout et où à jamais on séjourne ;
La vie est en moi, et moi auprès d'elle
Tout ce qui se fatigue de soi m'appelle.

Je suis le pont vers Dieu et vers le noir perpétuel,
Comme les dires incolores des fous dieux,
Le point sans fin de tout choix habituel,
C'est moi la voie du désir qui vous montre les cieux.
Je bâtis le bateau qui envoie les gens vers leur Maître
Les uns sourient, les autres haïssent s'être vu naître.

L'AMOUR

Sans agiter mon âme qui dorlote sans cesse,
Sans vouloir mourir mal ni vivre éternellement
Dans la rage informelle que le monde confesse,
Le temps avançant dans le calme fort et charmant,
J'aurai pu imaginer, dans mon humble inconfort
Que même dans immortel, il y a mort.

Bukavu, 2 juin 2020

MARIAGE

LES MARIAGES DE FAUX EPOUX

Ils vous ont menti pourtant ils vous ont séduit,
Leur rituel fatidique est le même partout :
Enfermer la réussite des femmes dans un contre-atout
Qui nait ressuscité par du pleur qui s'enfuit.

Ils ont une vie d'anges au cours de vos fiançailles,
Les filles les aiment et ils aiment souvent recourir
Aux malices empocher les amours sans bâtir
Des relations fondées sur des jours sans représailles.

Et je dis aux filles, envoûtées par le mariage
Que les meilleurs hommes, loin de la théorie d'âge,
Sont ceux qui bâtissent des montagnes sur les vérités.

Mais les faux vous abandonnent au bord du rivage
Sans arme, sans survie et sans équipage.
Ne fondez jamais vos relations les opportunités.

Bukavu, décembre 2021

LE MARIAGE DE FAUSSES FEMMES

J'en ai vu depuis que, de mes yeux je contemple
Comme un paroissien qui voit un diable derrière le temple,
Le monde tourner puis se refermer sur lui-même,
J'ai vu des épouses récolter ce qui ne se sème.

Elles viennent dans nos familles avec leurs fardeaux
Nous entrevoient essuyer sans relâche leurs sales cordeaux,
Elles nous délient de la réalité, bâtissant
Un enfer enfermé sur notre amour impuissant.

Depuis que nous passons les nuits, en position de moine
Ensemble, en train de subir des manipulations
Depuis, se sont envolées nos meilleures relations.

Lorsque nous chérissons nos mères d'un amour idoine,
Elles nous délient de nos rêves, de nos prières,
De nos frères, de nos amis et de nos pères.

Bukavu, 08 décembre 2021

LES INFIDELES

Voici le corps d'une génération d'infidèles
Quoi qu'on ait dit, par les yeux du sourd
On contemple ce charme d'écouter, d'esprit lourd
De ne pas y parvenir, d'accepter ces modèles.

Les belles dames sont de vielles perles,
Leur vie est un exemple louche et balourd ;
Le pauvre amour est immobilisé et gourd
Leurs pas sont souvent d'épinées merles.

Quant in n'aime, le jour est soit calme soit sans éclat,
Les nuits sont sucées par le côté ingrat
Offert par l'amour faussé pour nous faire tomber.

A ces amours endormies sur des sentiers plats
Et qui comprennent que parfois les choix sont fats
Souvent nuls et nés pour nous faire succomber.

Bukavu, 26 septembre 2019

LES PLEURS

C'EST TOI...

C'est toi qui aimas ce cœur de petit soupir
Mais qui jamais ne parvins à y sentir
Le vent doux que seules les âmes superbes
Envoûtent dans les murs blancs de leurs robes.
C'est toi qui fus en ce qu'on n'aurait pu mentir.

C'est toi, blanche comme la neige attristée
Par la flamme solaire et la chaleur agitée
Qui me fis tomber dans les larmes du néant
Justifier la choisie de mon cœur défaillant.
C'est toi le fond de ma parole imputée.

Et de loin je vis l'être qui se consume,
Ma vie enchantée et l'encre de ma plume
Se conforme songeur aux voies infécondes.
La nuit est fausse : la douceur des mondes
Et de loin je me suis délié de mon rhume.

C'est toi le versant qui écrase en chambre
De ton couteau ma vie cachée sous ombre,
De ton épée tu conteste ma pauvre hache
Qui ne tue, ne dépense et ne mâche.
C'est toi ce zéphyr qui me veut sombre.

Pour tarir le point de mon mur éclairci
Il naquit en moi l'onde de mon ton minci
Qui me rendait esclave toujours
De ma propre bonté, de mes propres contours.
Pour tarir tes laves je serai ton endurci.

C'est toi vendit mes graines aux vautours,
La sentinelle endormie de mes amours.
Mais ces amours en quelque moment encor
M'ont laissé tolérer tes perfidies en or.
C'est toi le démon noircissant mes alentours.

Bukavu, 15 octobre 2017

LES RELATIONS TARDIVES

Ce que vous ont dit, frémissant toujours
Les filles quand elles se servent de moi
Ou quand les mythes amoureux faisaient cours
C'est l'arme dont elles tuèrent ma loi.

Mais j'aime toujours, bandé à l'aurore
Comme si je me plaisais de souffrir,
Et elles nous ruinent, mais on aime encore.
Tant on contraint notre colère de guérir.

Une fois je redis de ma voix émaciée :
L'amour est un satan qui nait tranquille.
Me créant une vie frivole et associée
La déception me jette hors de la ville.

Maintenant que je souffre de mes interdits,
Tant ils se jointent à ma gaie pendule
Qui se couronne des orgueils introduits
Sans ma vie par colère incrédule.

Mais c'est tard, encore que je n'arrête !
La douleur me penchant sur d'épopée futile
Et vous, filles, mon pleur est-il votre fête
Qui vous fonce dans mon cœur fragile ?

Bukavu, juillet 2018

LEURS BAIES, VONT S'Y BLOTTIR

L'amour assoiffé qui nous prend dès l'aube
S'avoue comme un sentiment qui tue toujours,
Miraculeux, les horizons de mauvais jours
Urinent sur le voile ambigu de sa robe.

Toujours aussi pâle, l'assentiment me dérobe,
J'échoue en ces examens et à ces graves détours,
Mais tombé sur la rame enchaînée de mes cours
Faible et déçu, je m'injecte mon propre microbe.

Poisson blessé de nage, j'aime de mon âme :
Je ronge dans la vallée obscure et laide
Les passions étrangères de mon pleure raide.

Mon cœur enfreint par le feu de sa lame
Voici les années dont nous rayonne le désir
Les dérives dans leurs baies, vont s'y blottir.

Bukavu, 26 février 2018

BRISÉ

Me voici enragé et ivre comme un fou,
J'ai vu mon cœur aimer et peindre
Le vide. J'ai appris comment craindre
Les femmes qui nous jettent dans le flou.
Je suis pitoyable, je souffre, ce jour
Sera inscrit sur l'anal de mon fol amour.

Tu diras un jour à ces endiablés vies
Qu'à ce jour j'ai eu l'intention de me suicider
Je n'ai pas mérité ce qui a failli me vider
Ce qui m'a fait perdre toutes mes envies.
J'ai aimé, j'ai été trahi. Tous mes sacrifices
Sont allés anéantis par une fille et ses vices.

Bukavu, 15 septembre 2017

A CELLE QUI M'A TUÉ

Je n'ai pas été trahi, j'ai été tué.
Je suis du versant coupé et bafoué,
Je suis ivre, celui qu'on n'aime plus,
Puisque ses yeux ne me verront plus.
Je me sens malheureux, tout mon esprit futé
Voit la chute de son ancrage jadis bien réputé,

Ce jour-là j'ai vu assombrir mon bon état,
Par ses amours finies et son cœur magnat
Qui a brisé le mien et ignoré ma sainte vie
Criant haut et sans cesse qu'elle s'en méfie.
J'ai cru, et je me le répète dans moi-même
Trouver fuir les amours pour qui mon cœur chême
Dans les heures perdues, dans les vents confondus
Où tout noircit, même les moments bien défendus.
Elle m'a oublié. Partie joindre le monde d'inconscience,
Et je l'ai supprimé. Ma sagesse a perdu patience,
Qu'elle revienne ou qu'elle parte pour toujours

Entasser dans les pleurs mes beaux contours
Je souffrirai encore un temps mais je le préfère
Que de me confondre dans mon propre repère.

Bukavu, 15 octobre 2017

LE SENTIMENTAL

Et je déplore encore ces moments vides
Que depuis des temps des vagues timides
Eurent envoyés des patates d'alarmes
Sur des vastes étendues sans armes
Que les vies infâmes nomment : villes insipides.

Ils ont ensorcelé les terres pleines et dociles,
Maintenant que nos sols sont infertiles
Nous nous aidons dans leurs mains gauches
Mais ils baignent les villas dans nos douches
Puisqu'on est ivres. Puisqu'on on est faciles.

Je pleure, attristé comme un vieux nuage ;
Ces âmes qu'ils emportent via leur âge
N'ont pu laisser rien de bon se clore.
Ici c'est toujours noir, je pleure encore
D'être du charbon que leur enfer ravage ;

De boire le vin salé que des frères pâles
Ont suintés dans les chairs rouges et sales ;
D'écrire à sa majesté Peuple ensoleillé
Que nous sommes fous car nous a balayé
Le sable de nos propres rivages sales.

Bukavu, 10 novembre 2017

L'AUTO-MANIPULATION

Je ne suis pas fou ni un pauvre endiablé
Ni un petit point comme une graine de blé,
Délaissé pour avoir voulu tout changer
Sans fuir mes erreurs et sans me venger.
Je ne suis pas le prix d'un temps envahie
Ni la proie facile des filles qui m'ont trahi
La vie est une âme vivante et notre reine
Qui nous peint d'amour et de haine,
De fausseté, de bonté et de longévité
De valeur, de malheur et de vérité ;

Elle vient avec le tort, la raison et le sort,
Elle marche avec la sueur, la joie et la mort,
Lorsque l'homme ne veut s'en contenter
Elle surgit et lui en fait accepter.

Oui, on vivra dans le pleur ou dans la joie,
Mais devant pas pour nos erreurs, la proie.

Bukavu, 12 octobre 2017

GOMMAGE DES UTOPIES

Ce cœur qui me roule toujours, ces temps irréligieux
Ces moments qui, par leurs tempérament fastidieux
Me chambre et me voit en un manipulé avide.
La perle dont on se bat n'est pas sourde et vide,
Mais elle vit ici, sous les yeux bénins des cieux.
Du fin fond des maladresses impunies
Jaillissent, par plaisir ou par mollesses infinies
De hauts cadres placés à la tête des nations
Puissants et méchants, avec des vies sans compassions
A dieu le bonheur des populations désunies.
L'amour a quitté leur sein et ils parlent aux morts
Comme des anges démoniaques parlent aux mauvais sorts,
Et comme de faux prophètes jouent avec la parole.
Nos bouches fermées par nos têtes oubliant leur rôle
Depuis, les pays sont pris dans des combats moins forts.
Puisque d'un coup de soupir, trahis par la bonté,
Et la tournure dont prend ce monde fort éhonté
Ils ont empli nos âmes, abandonnées par nous-mêmes
D'amours cauteleuses qui maquillent nos problèmes.
Depuis, nous oubliâmes un passé raconté.

Bukavu, 8 février 2022

LES VOYAGES

VOYAGE A BORD L'ARCHE

J'irai un jour m'enfermer seul dans ma lutte
Pour consolider ce voyage de rudes lames
Qui confond de sa solennité les âmes,
Et je donnerai une ouverture à ma fuite.

J'irai gommer la cruauté des années impunies,
La lumière affine de ma rime bénévole
Dénichant la mort que la terre des humains frôle.
Les anges danseront avec moi des chansons infinies.

Avec des anges méconnus de vos injustes vieux
Mon esprit exalte l'horizon lointain qu'apaise
Enfin tous ceux qu'en deux-mille seize
Voudraient toucher la nature encore mieux.

Avec des artistes prudents de leur avenir
Pauvres muscles qui n'héritent de leur envie
La capable fraternité qui leur est ravie
Dans le silence voyant leur réconfort finir.

Je reconnais avoir découvert dans des caveaux
Les vivants qui y sont entrés de simple slogan.
Je reconnais que parfois un vilain ouragan
Ravage les amours, les haines et les maux.

Je reconnais, lorsque j'ai aperçu d'âgés fantômes
Avoir laissé la route ouverte de la ville.
Le peuple minable ne tape jamais dans le mille
Tant leurs états sont de mauvais arômes.

Le monde ne laisse pas passer ses caprices,
Nous l'envoyons petit à petit à ses obsèques
Sans jamais consoler la mort de ses pastèques
Que nous offrons à nos jours complices.

Mais nous sacrifions notre propre progéniture
Nous espérons à notre maintien et notre envie
Détruit à bonne échelle nos chances de survie.
Nous dansons sur notre jeune peinture.

Bukavu, 27 avril 2016

LE VOYAGE DANS MON ETRE

Il s'agit de moi et de mon cœur qui se bat
Contre l'ange de mort,
Je quitte mon vilain tort et je sais qu'il ne m'abat,
Sans moi il est moins fort.
Mais pourvu que je vive, j'aimerai rajeunir
Comme un serpent qui se hait et veut se revêtir.

Oui, je me déteste quand je suis jaloux ; surtout.
Et j'aime changer de face.
Mais quand on me parle de mon mélancolique atout
Je défends ma race.
La vie est un démon qui ne nous aime pas,
Elle nous évite parce qu'on ne la hait pas.

Parfois, elle nous regarde et nous console.
Elle ne change pas.
Nous soumettons à son stérile contrôle
Quand on tombe bas,
Elle sourit, tant elle dépend de se formes.
Nous devrions nous aimer d'abord nous-mêmes.

Avant qu'elle déroute ses ions incolores.
Nous sommes choisis
Puisque nous sommes venus des airs sonores,
Nous nous sommes ressaisis.
Dieu est le moins vu des êtres qui se voient,
Tous ceux qui passent derrière se noient.

Bukavu, 25 mai 2020

LA VIELLE BALADE

Chacun a la couronne pourquoi il se bat,
Sur laquelle s'assoie lors de sa propre noyade
Et ses envies raréfiées. Chacun comme un gros rat
Marche souvent solitaire dans sa balade.

Chacun, lorsqu'il se sent emporté par le combat
Possède les clés de sa force et de ses façades,
Le mal est monstre, sa force tous nous rabat
Et nous poursuit dans toutes nos escalades.

Le plaisir nous a envoyé naître sur Terre,
Confrontés au pire, délaissés dans le tonnerre,
Et, hélas, la vie s'est apprivoisée à la mort.

Toujours occupés par nos désirs de réussir
Souvent désorientés par des échecs qui ne veulent finir,
Nous sommes maîtres fatals de tout notre sort.

Bukavu, 19 décembre 2021

LA FIN DES CHOSES

CACHOT SOLITAIRE

Maintenant qu'en moi la confiance bat son tambour,
Mon cœur me regarde et voit en moi son idole,
Pourtant plus personne ne croit en un séjour
Que je construis autour de la force qui contrôle
Toute ma vie et qui s'octroie en moi un rôle.

Toujours si incapable – lorsque je pense à moi-même
D'accorder à mes amples rêves une chance nouvelle
Ecoutant la musique d'un volume suprême,
Je m'assois plaintif hors de la cruauté rebelle
A imaginer comment naîtra ma fille si belle.

Et je tremble, tant l'avenir est fou et violent,
Tant dans mes songes incontrôlés je vois venir
Dans un noir qui rajeunit et qui finit tout lent
Un monde instable : doux et lourd qu'est l'avenir
Me disant que seuls mes combats devront me punir.

Tant que je vois si loin je fuirai l'échec
Et je dirai à la femme qui verra naître ma fille
Que sous une pluie infernale et un soleil sec
Je mettrai sur le dos fécond de ma famille
L'amour de l'enfant à son père qui babille.

Bukavu, 17 juin 2020

LE PAUVRE CONDAMNÉ POLITIQUE

Aujourd'hui est un jour noir, un sombre samedi
Où la justice politique se fait une victime :
Laissant dans nos rues des amis fidèles du crime,
Elle condamne un fautif et son après-midi,

Qui ne cesse de s'inscrire entre les lignes d'un livre
Qui s'écrira de lui-même dans l'art éternel.
Le nom bafoué de la nation est resté tel quel ;
Quand la politique t'apprivoise, elle te livre.

Ignorant que la messe avait été dite
Le peuple jubile un Etat politique de droit
Dont on signe sa propre mort et qui décroît.

Le crime condamnable ici est un crime en fuite ;
Et l'ennemi de la nation s'assoit sur son toit,
Croquant nos leaders dans sa fortune qu'il nous doit.

Bukavu, 20 juin 2020

PAROLE A LA MORT

Les vraies amours (j'y pense souvent) ce sont celles
Qu'on porte quand on frémit devant la mort.
Les tombes d'autrui nous montrent combien sont belles
Les portes qu'ouvre la vie, si cruelle dans le songe
Quand on la supplie, davantage elle nous ronge :

Nous luttons à chanter sans cesse de vielles litanies
Sous des rayons jaunes d'un Soleil austère
L'amour du prochain ne nous habite guère
Jusqu'à ce que de nos passions infinies
Nous pleurions sans que rien n'entende
De refaire ou d'approuve ce que Dieu recommande.

Oui, Dieu accepta qu'elle vive à côté de la maison,
Que tout ce qui est ici-bas et qui s'y déroule
De peur que la colère ne le mette hors de la foule
S'agite à découvrir la voix qui parle à l'horizon
Et qui connait les airs qui percent les cellules
Dans tout ce qui vit dans des mines ridicules.

La vie nous envoie sans de réelle amnistie
Chaque jour est un rayon nouveau plein d'ombres
S'acharnant pour nous faire aimer notre gaie survie
Dans notre aurore confondu par des vues sombres.
Depuis on se heurte à imaginer notre vie sans nous-mêmes
Mais les tableaux sont régis par des temps suprêmes.

Mais nous oublions que la mort, parfaite ennemie
Nous parle quand on devient seul sans personne
Qui nous regarde. Elle est douce si on frisonne,
Ce pont entre nous, le sous-sol, la pandémie,
Et tout ce à quoi on pense, parlant aux cieux :
S'ils nous appellent, ses anges deviennent astucieux...

Bukavu, juin 2020

LE TEMPS

LES ENFANTS

Regardez venir vers vous à pas de tortue
La laideur du monde incompris qui vous tue
Petit à petit et qui pourtant vous fortifie.
Grandissez et contemplez ce dont le monde se méfie.

La grandeur fuit les enfants car ses rudes cultes
S'assoient sur les cœurs solides des adultes.
Puisse votre douleur atteindre l'arrivée des âges
Où on meurt de faim, couchés sur de vilains rivages.

Puisse l'amour habiter votre vie, et le mal
Oublier la cour où vous signez votre carnaval.
Rêvez, il est de votre droit. Organisez-vous.
Et préparez vos mains, vos yeux et vos genoux.

Bukavu, 21 décembre 2021

LE TEMPS

Posant son ancre inviolable sur nos gravures,
Le temps nous contraint de suivre ses armures,
Enterrant le passé sous ses pieds invisibles
Et nous regardant de loin, pris pour cibles,
Nous oblige son horloge sans début ni fin
Dans un air doux ou dans un vent mesquin.
Quand il neige sur la ville envahie par le froid
Chacun dans sa maison porte sa propre croix.
Mais il nous offre comme le vent offre au corbeau
L'élan, un présent plus sûr pour cadeau.
Nos obsessions pour la beauté de l'avenir
Raréfient parfois la réussite et nous laisse souffrir.

L'âge avance dans le mur. Le temps reste.
Intact dans son moment et dans son geste
Comme l'eau de mer voyant le navire échouer.
Le temps roule dans sa vitesse sans bafouer
La vieillesse qui s'occupe des êtres faillibles
Et son éternité mord des choses impossibles.

Bukavu, 19 décembre 2021

LA VALEUR DU TEMPS

Comme une pluie qui inonde des airs de décembre

La vie nous envoie au milieu de sa sombre chambre
Contempler le malheur que l'homme a offert
A son demeure et à son égoïsme désert.

L'infinité dans son sourire invisible pénètre
Toute notre obsession à l'avenir et fait naître
En nous un sourire qui meurt et qui revit
Chaque jour car c'est le temps qui nous guérit.

Pourvu qu'on vivre encore pour voir demain,
On constate chaque jour qu'on devient hautain
A côté des gens pensant sans contrepartie à nous
Pour nous éclairer et sans nous mettre à genoux.

Pourvu qu'on le sache, la vie se rend souvent ivre
Jusqu'à ce qu'on remarque pourquoi on veut vivre
On bafoue de bons liens, on fait moins de bien
Mais la mémoire du temps n'oublie jamais rien.

Bukavu, décembre 2021

PRIERES

PRIERES

I

Regarde tes gens pleurer, délaissé par le monde
Et jetés, attristés dans la religion inféconde.

Ils attendent ta voix dans des cases suintant
Et ils disent, quand ils prient via ton chant ;

Se sentant comme des peaux soumises
A des cerveaux dont les raisons sont imprécises :

« Nous as-tu jeté sur Terre ô Seigneur
En pleine cour où toute la terreur
Du Diable abusif et ses âmes hâves,
Pleut comme des gouttes de fiel dans un seau des baves,
Nous craignons, comprend donc Roi éternel
Tellement le mal incarne son issu informel
Dans tout ce qui se passe : le temps, le moment,
Les hommes sans qu'ils ne cessent de mourir, le vent
Et ce qui s'ajoute quand ton peuple t'invoque ;
Ton amour est un Saint qui ne nous révoque,
Quand nous t'appelons, pêcheurs ou en communion
Même quand nous ne méritons pas ta compassion,
Tu nous réponds car tu connais nos délices,
Tu nous pardonnes sans nous sauver de tes délices,
Tu ouvres nos yeux devant ta coupe qui se remplit
Rempli du vin et de là tout fait s'accomplit ;

Nous élevons vers celui qui habite les cieux
Nos mains d'ignobles et nos exécrables yeux
Car ceux qui salissent ton saint Jérusalem
Sont assis sur le trône modeste du grand Salem.
Nos villes ô grand Maître, tombées comme la neige
Sous un profond abîme sont prise par un piège
Dont celui qui prend son âme dans son trou fatal
Nous inflige : Roi débile et fantôme infernal.
Nous ne leur envions pas car ils noircissent la ville,
Où tu nous mis tous comme Sion et sa fille,
Tu allongeras de ta fureur sur le sombre château
D'un éclat de doigt le combat de ton aride cordeau,
Rien n'échappera : Ni les villas que l'homme bâtit
Ni le labour des puissants sur Terre qui s'amoindrit

Pour envoûter les indignes souvent pris de rage
Dans la froideur cruelle de l'éternel hivernage
Dont impose le diable dévorant quelques humains
Et dehors de ton autel, ne levant pas leurs mains
Car ce que tu promets un jour nous atteindra ;
De toi la lampe infernale des injustes s'éteindra.

II

Gloire à toi qui nous fais ta bonté divine
Quand les anges s'étonnent et l'homme devine
Les élus privilégiés de ton saint Royaume
Comme un peuple pourri qui trouve la rue de Rome.
L'acte de ta main dépasse de silencieuses amours
Que nous offrons courbés à étudier tes saints cours,
Tes saintes paroles dans la profondeur de ta présence,
Car toi seul ô Maître de toute aisance
Déverse la rivière dans le firmament des déserts
Et fait fleurir dans le sable des arbres verts.
Lorsqu'encore dans nos infâmes rêves tu nous parles
Admirant la rosée à l'aube de tes éparses perles
Nous jouissons des jours futurs que tu nous promets
Où nos bouches désormais avalant de vitaux mets
Chantent et louent la grandeur que ta main incombe
Nous privant de la vie obscure des fosses de la tombe.

Que nous pleurions ou que la Terre s'arrête,
Nous réunirons notre force et elle te sera prête.

Nous sommes la poussière dans un gouffre de poussiers
Et sur ta main ô Grand, s'assoient tous nos piliers.

Bukavu, septembre 2019

III

Pardonne ô Seigneur, gardien des saints lieux,
Ceux qui, sans mériter ont fermé éternellement les yeux
Pour que justice règne sur ce monde ensanglanté,
Le noir fuit dans son royaume obscur et argenté,
La vie sur Terre sourît aux pauvres méconnus
De tous, même des avenirs courts et inconnus.
Puisque les hommes méchants font asseoir
Sur le dos assoiffé et affamé du manoir
Où nous sommes en abri et qui nous sert
De mur lorsqu'il plaît et tout est désert,
La douleur des jours et l'ombre des nuits

Qui enfoncent nos vues dans ses vilains puits.

Sourit à leurs âmes, puisqu'elles sont martyres ;
Accorde sainteté aux mots de leurs dires
Et aux bouches qui proclament leur bonté,
Regarde sur la face du roi fou et éhonté
Des fureurs hypocrites dont naît l'amour
Du mal et l'envie de noircir le beau jour.

Que ta sympathie enjolive leurs cours éternelles,
Que ta main sourit dans les moments rebelles
A leurs misérables persistances soient récompensées
Pour que justice s'inscrive dans les profondes pensées
Des hommes dont l'amour des autres est devise,
Pour que, même dans l'ombre, plus rien de les divise.

Bukavu, 10 janvier 2022

PERORAISON

Le temps déterre les beaux moments et leur pure face,
Hélas, il les renvoie et c'est lui qui nous les efface.
On découvre les bonnes gens mais le temps les reprend
Dans ce monde où plus on vit plus on apprend.

La rage a pris l'assaut. – Cette rage folle impudique
Qui ronge des cœurs affamés et mentis en Afrique.
Souvent croupi par la longueur soudaine des quêtes
L'Africain a oublié le souffle des véritables fêtes,
Les démons se sont assis sur le trône, la saveur
De l'opulence couverte par les rudes de la peur
Roucoule dans son toit, le tue et l'enchaîne,
Mais il ignore sa peine. Il apprivoise la haine.

L'on a appris que les eaux africaines sur leurs rivages
Ont vu du sang dorloter au courant de vilains âges,
Les politiques vendre des terres aux enfers sournois,
Le peuple dormir dans de futiles mouvements kinois,
L'amour mourir de honte et ses racines de craintes
Fuir dans le noir, captivées par les contraintes ;
Les oiseaux pleurer mais suffoqués par le bruit
Continu et incompris des balles jour et nuit.

II

J'ai écrit depuis des montagnes et des collines,
Souriant aux roses tourmentées par leurs épines ;
J'ai pris ma plume et j'ai senti qu'elle tremble
Voyant ce que le monde dans son intimité ressemble :
Les bons dans des quêtes démesurées se confondent
Des déroutes au milieu des airs qui ne se fécondent
Font naître des prouesses infinies et bavardes.
J'ai vu, assis sur un rivage où des saisons soulardes
Envahissent le pleur de ceux qui prient les vrais Cieux,
Et étouffant les noir et blanc qui virent nos yeux,
Les méchants de ce monde ont appris ce que signifie
Un cœur trempé dans une geôle dont il se méfie.

Bukavu, 8 février 2022

Table des Matières

Printed by Books on Demand GmbH, Norderstedt / Germany